너무 애쓰다 지친 당신을 위한

회복력 수업

너무 애쓰다 지친 당신을 위한
회복력 수업

강하고 유연하게 다시 시작하는 힘을 기르는 법

이수경 지음

저녁달

내면의 회복력은 삶이 우리에게 던지는 수많은 시련과 도전에 의연하게 대응하고 상처를 극복해나가는 능력을 말한다. 이 책은 내 삶을 돌아보며 차분하게 회복력을 키워가는 실천법을 소개하고 있다. 나를 더 사랑하고 다시 삶에 활력을 불어넣고 싶다면 그 변화의 여정에 함께해야 할 일이다. 당신을 새로운 삶의 기쁨으로 이끌어줄 것이다.

- 강우현, 탐나라공화국 대표

『너무 애쓰다 지친 당신을 위한 회복력 수업』은 자신을 이해하고 마음근육을 튼튼하게 단련하고 건강한 관계를 맺는 것을 통해 무기력과 불안에서 벗어나 성장하는 법에 대해 명쾌하게 알려주는 책이다. 불안과 무기력에 빠진 각자의 상황을 돌아보고 상태를 점검할 수 있도록 구체적인 분석과 함께 실천 가능한 해결 방안도 제시해준다. 저자는 "삶의 방향을 제시해주는 나침반은 각자에게 있다."고 말한다. 당신의 나침반은 지금 어디를 향하고 있는가? 꼭 한번 생각해봐야 할 질문이다. 1초 만에 답을 할 수 없다면, 지금 당장 이 책을 읽어보길 바란다.

- 권대욱, 미디어솔트 회장

살다 보면 삶이 무력해지고 마음이 흔들리는 순간이 있다. 힘내라는 말조차 무의미해지고 있다면, 잘하려고 너무 애쓰다가 번아웃되었다면 이제는 천천히 걸어야 할 때다. 우리의 마음을 다독이는 책은 인생의 가장 험난한 시기를 헤쳐나가고 있는 사람들에게 '흔들리지 않는 강한 마음 근육'을 키우고, 다시 일어서서 성장할 수 있도록 돕는 방법을 가르쳐주고 있다. 경쟁사회 속에서 스트레스를 잘 관리하고 회복력 있는 사람이 되기 위해 반드시 읽어야 할 책이다.

- 김경일, 인지심리학자, 아주대학교 심리학과 교수

You raise me up to more than I can be.
나보다 더 큰 내가 내 안에 있다.
대한민국 중원(中原), 충청에서 삶의 중요한 변화를 만들어가도록 동기를 부여하고, 지속 가능한 성장을 돕는 인생 코치가 있다. 바로 이수경 교수다. 이 교수는 그동안 수많은 강연과 프로젝트를 진행하면서 외형적 이미지와 내면의 소통을 통해 내 안에 있는 가능성, 잠재력, 성장동력을 발견할 수 있도록 돕는 일을 해오고 있다. 그동안의 경험과 연구가 담긴 이 책을 통해 이제 지금의 나보다 더 큰 나를 발견하게 될 것이다.

- 김광호, 콤비마케팅연구원 원장

무기력, 우울, 불안, 질투…. 이런 감정을 느껴보지 않은 사람은 아무도 없다. 나 또한 종종 무기력해지고 불안해질 때가 있다. 그렇기에 『너무 애쓰다 지친 당신을 위한 회복력 수업』은 개인의 이야기가 아닌 누구나 공감할 수 있는 우리 모두의 이야기다. 문득 몸과 마음이 힘들어지는 어느 날, 무심코 이 책을 꺼내 어디든 펼쳐 읽어보시라. 따스한 공감과 위로 그리고 희망을 얻을 수 있을 것이다.

- 김동완, 명리학자, 『더 포춘』 저자

어려움을 극복하고 성장하는 힘 회복력(resilience)은 크고 작은 다양한 역경과 시련과 실패에 대한 인식을 도약의 발판으로 삼아 더 높이 뛰어오를 수 있는 마음의 근력을 의미한다. 이 책은 우리가 겪는 어려움과 실패를 극복하는 데 도움이 되는 회복력에 대한 실용적인 조언을 제공하고 우리의 마음을 다스리고 긍정적인 태도를 유지하는 것이 왜 중요한지를 강조한다. 저자의 조언과 경험을 따라가다 보면 우리는 어떠한 어려움도 극복할 수 있다는 자신감을 얻을 것이다. 이 책은 너무 애쓰고 있는 현대인의 지친 마음을 치유하고, 다시 일어설 수 있는 힘을 길러주는 귀중한 안내서다.

- 이일우, SK하이닉스 부사장

삶이 너무나 힘든 순간에는 "괜찮아. 다 잘될 거야. 걱정하지 마."라는 위로의 말조차 부질없게 느껴진다. 그저 현실을 부인하는 것밖에 안 된다는 것을 너무나 잘 알고 있기 때문이다. 어려운 시기를 극복하기 위해서는 명확한 기술이 필요하다. 이 책은 바로 그것에 대해 이야기하고 있다. 불안, 무기력, 번아웃에 빠진 당신에게 감정적 균형을 되찾고 인간관계를 회복하고 다시 성장할 수 있는 방법을 들려준다. 차분하고 지혜로운 목소리를 따라가보자.

- 장철수, 영화감독(〈은밀하게 위대하게〉 〈김복남 살인 사건의 전말〉)

이 책은 자기성찰과 마음챙김을 통해 다시 시작하는 법을 훌륭하게 보여주고 있다. 교수, 코치, 멘토, 퍼스널 브랜딩 전문가로 활약하며 수많은 사람에게 영감을 주었던 저자가 힘든 시간을 보내고 있는 이들을 위한 안내서를 내놓았다. 삶이 무겁게 느껴지고 인생을 어떻게 살아야 할지 고민하고 있다면 당장 이 책을 읽기 시작하라. 후회하지 않을 것이다.

- 조서환, 조서환마케팅그룹 회장, 『모티베이터』 저자

살면서 늘 좋은 일만 일어날 수는 없다. 생각하지도 못했던 역경을 거쳐야 할 때도 있다. 문제는 어떻게 헤쳐나가느냐. 인생의 도전을 헤쳐나가기 위한 실용적인 조언이 이 책에 담겨 있다. 개인적인 경험, 놀라운 인사이트, 연구 결과까지 회복력을 갖기 위한 강력한 실천 방법을 친절하게 안내한다.

- 조웅래, ㈜선양소주 회장

사람은 태어나서 죽음에 이를 때까지, B(birth)와 D(death) 사이에서 헤아릴 수 없을 정도로 C(choice)를, 수많은 선택을 해야 한다. 사람은 누구나 각자의 사이클이 있어서 일 년마다, 한 달마다, 혹은 하루에 몇 번씩 감정의 굴곡을 경험한다. 어떤 날은 좌절하고, 어떤 날은 무기력해지고, 또 어떤 날은 어려운 일도 감사한 마음으로 척척 해결한다.

전경련 최고경영자과정에서 연사로 만난 이수경 교수는 그간 많은 강연과 토론을 통해 인생코치로서 훌륭한 역할을 해왔다. 또한 지역 커뮤니티 발전을 위해 선도적인 사업을 펼치고 봉사하고 있다. 시민의식과 문화의 힘을 키우는 활동을 통해 사회에 솔루션을 제공할 뿐 아니라 사람들에게 긍정적인 기운과 선한 영향력을 나눠주고 있다. 이 책에는 저자의 그러한 열정과 연민이 담겨 있다. 독자들이 각자의 삶의 과정 속에서 올바른 선택을 하고 인생의 방향을 잘 정하여 나아가는 데 든든한 가이드가 되어줄 것이다.

- 한영섭, 덕연인문경영연구원 원장

왜 나는
원하는 삶을
살지 못하고 있는가

우리는 끊임없는 경쟁과 완벽을 추구하는 사회 속에서 살고 있다. 모두가 더 나은 성과를 내고, 더 많은 것을 이루기 위해 쉼 없이 달려가고 있다. 그렇게 오로지 목표만을 바라보며 그것만 우선순위로 두고 매진하다가 우리는 종종 자신을 잃어버리기도 한다. 성취와 성공에 대한 압박 속에서 마음은 지치고 몸은 피로해진다. 아마도 우리나라에서 일을 하는 사람들은 대부분 이런 기분일 것이다.

일뿐 아니라 인간관계에서도 지친 상태다. 사람은 진심으로 누군가를 믿고 좋아하게 되면 "이 사람이라면…" 하는 생각에 아낌없이 퍼주고 속마음도 터놓기 마련이다. 인간은 완벽하지 않기에 내가 좋아하는 사람에게도 안 좋은 면이 있을 텐데, 그들의 단점을 모두 받아들이며 진정으로 사랑하고 이해하려고 노력한다. 그만큼 깊이 믿었던 사람으로부터 상처를 받으면 더 크게 분노하고 슬퍼하고 절망에 빠지기 쉽다. '한 번은 그럴 수 있지. 그래도 두 번은 안 그러겠지.' 하며 기대를 걸었다가 같은 사람에게 여러 번 실망하거나, 내가 잘해주었던 사람들과 계속해서 힘든 관계가 되어버리면 스스로를 탓하며 인간관계를 포기하고 싶어지는 마음이 들 수밖에 없다. 사람이 싫고 사람이 무서워서 단단히 경계를 하고 자기만의 동굴로 들어가버리기도 한다.

'남한테 피해주지 않으려고 노력하고 늘 배려하며 착하게 살았는데 왜 이렇게 힘든 걸까?'

지금 이 삶의 무게와 고통이 견딜 수 없을 정도로 힘들어서 포기하고 싶은가? 생의 벼랑 끝에 몰렸다고 느끼는가? 더 이상 나빠질 것이 없다는 생각이 드는가?

지나친 목표와 욕망, 인간관계의 고통에서 벗어나기 위해 피하고 숨는 것은 임시방편이다. 문제를 외면하고 있으면 오히려 자존감은 낮아지고 열등감은 커진다. 상처를 극복하고 고통을 통해 성장하려면 조금 더 적극적인 노력이 필요하다. 나 자신을 위로하고 긍정적인 자기 대화를 하며 희망의 빛을 향해 나아가야 한다. 나를 표현하고 개방하여 밖으로 향하는 문을 열 수 있어야 한다. 그러기 위해서는 나의 내면을 깊이 들여다보고, 내가 무엇을 원하는지 제대로 파악하는 것이 가장 중요하다. 사회의 기준과 타인의 시선에 휘둘리지 않고 자신에 대한 존중과 자부심을 느끼며 살아야 성공적인 자신을 만날 수 있다. 지금이 최악의 순간이라고 여겨진다면 이제 오를 일만 남았다. 최악의 삶에서 벗어나고 싶다면, 조금 더 나은 방향으로 가고 싶다면 먼저 나를 일으켜 세워야 한다.

무덤덤해진 심장에 표정까지 굳어버려 사는 게 재미없다는 듯 무기력에 빠지지 마라. 슬픈 표정으로 모든 걸 포기하고 멈춘 듯 사는 것은 여태껏 열심히 노력하며 살아온 나 자신에게 너무나 미안한 일이다. 지나버린 과거를 곱씹으며 후회하지 말고, 내 심장이 두근거릴 만한 일을 다시 찾아보자. 우직하게 열심히 사는 것을 멈추고, 열심히만 하면 사람들이 나를 인정하고 알아봐줄 거라는 기대도 하지 말자. 사람들의 신뢰와 관심이 나에게로 향할 수 있도록 시선을 끌고, 마음을 움직이고, 그 마음을 먼저 두드릴 수 있어야 한다. 그래야 닫혀 있던 마음의 문이 열리고 기회가 찾아온다.

나는 평생 이미지 메이킹과 퍼스널 브랜딩 전문가로 활동해왔다. 수많은 강연과 컨설팅을 통해 절망에서 다시 일어서기 위해 구체적으로 어떤 노력을 해야 하는지를 전파했고, 그 지혜를 이 책에서 나누려고 한다. 이 책을 읽다 보면 차츰 마음이 편안해지고 어느덧 당신 주변에는 당신을 좋아하며 믿고 따르는 사람들이 모여들 것이다. 그리고 생각지도 않았던 좋은 일들이 생길 것이다.

너무나 애쓰며 열심히 살았던 당신이 이 책을 통해 더 신나는 일상을 누리고, 자신을 사랑하고 원하는 사랑을 받으며 멋진 인생을 즐기기를 바란다.

2024년 여름
이수경

1장

무너진 마음에는 시간이 필요하다

2장

유연하고 자립적인 인간관계 만들기

3장

강하게 마음근육을 단련하는 연습

4장

그래도 계속 나아가야 하는 이유

1장

무너진 마음에는

시간이 필요하다

. . .

01

아무것도 하기 싫을 때

신호등에 켜지는 불빛과 오가는 자동차들의 움직임을 보고 있으면 기로에 놓인 삶과 닮았다는 생각이 든다. 사거리 횡단보도에 서서 파란불을 기다리고 있을 때 가고자 하는 방향과 다른 방향에 있는 횡단보도에 불이 켜지면 여기서 계속 기다리는 것과 저쪽으로 건너는 것 중에서 어떤 게 시간을 더 절약할지 고민한다. 30초에서 1분 차이겠지만 그 순간에는 너무나 중요한 결정인 것처럼 느껴진다.

멀리서 켜진 파란불을 보았을 때 뛸 것인지, 서두르지 않고 좀 늦더라도 다음 신호를 기다릴 것인지를 선택하는 것은 오 롯이 나의 몫이다. 내가 횡단보도를 다 건너기 전에 어떤 일 이 생길지 아무도 모른다. 그래서 선택은 중요하다. 삶은 온 통 물음표로 가득 차 혼란스럽고 아무 의욕도 생기지 않았을 때 당신은 어떤 선택을 했는가? 어떤 선택조차 할 수 없을 만 큼 에너지가 소진되었겠지만, 스스로 그동안 열심히 살다 지 친 자신에게 '괜찮아. 한 번쯤 멈춰서도 괜찮아.'라며 토닥여 준 적이 있는가? 타인에게 힘듦을 인정받고 위로를 받을 수 있다면 좋겠지만 충분히 만족스럽지 않을 것이다. 내 힘듦을 잘 아는 사람은 나밖에 없기 때문이다. 내가 나를 아끼고 보 듬어주어야 한다. 자신을 사랑하는 일은 그렇게 시작된다.

잘나가던 사람이 갑자기 아무것도 하지 않고 힘들어 보일 때 '거 봐. 잘난 척하더니…' 하며 빈정대는 사람이 있고 '무 슨 일이 있나?' 하며 걱정하는 사람이 있다. 모든 일을 완벽 하게 잘해내고 싶어 하는 사람은 몸과 마음이 지친 상태가 되어도, '이것밖에 안 돼? 더 잘할 수 있잖아.' 하며 자신을 다 그치고 질책하는 경우가 많다. 특히 자신을 채찍질하며 성공 해온 사람은 더욱 더 그 패턴에서 벗어나지 못한다. 그러다 걷잡을 수 없는 번아웃에 빠져 너무나 힘든 시간을 보내며 후회하지 않으려면, 누구보다 애쓰며 산 나에게 다정한 눈빛 과 따뜻한 격려를 보내야 하지 않겠는가?

힘들다고 위로해줄 누군가를 찾지 마라. 타인은 나를 이해하지 못한다. 부와 권력이 있을 때 곁에 있던 사람들은 대부분 나를 이용하려는 사람들이다. 힘이 빠지고 도움이 필요해서 찾을라치면 그때 옆에 있던 사람들이 어디 갔는지, 누가 있었는지도 모르겠는 경우가 많다.

철학자 쇼펜하우어는 모든 삶은 고통이라고 했다. 요즘은 사람들이 더욱 그 말에 공감하며 다들 각자의 삶이 힘들다고 말한다. '남의 엄청난 고통보다 내 손톱 밑의 가시가 더 아프다'는 말처럼 남들의 아픔에 진심으로 발 벗고 나서주는 이는 거의 없다. 주변에 그런 사람이 있다면 당신은 정말 운이 좋고 행복한 사람이다. 물론 주변에 그런 사람이 없다고 해서 불행한 건 아니다. 인간관계에 문제가 있어서 그런 것도 아니니 그저 지금 나의 문제에 관한 해결책을 스스로 찾아나가면 된다. 무력감과 번아웃에 대처하는 유형에는 두 가지가 있다.

회피형

인생에서 무력감이라는 것을 처음 겪는 사람들은 대부분 너무 삶을 치열하게 살아온 경우가 많다. 뒤도 돌아보지 않고 오로지 목표에만 몰두하며 살았을 것이다. 그런데 열심히 살아온 인생에 대한 물음표가 생기면서 '도대체 내가 뭐 하고 있는 걸까?' 하는 생각이 들기 시작하며 더 이상 아무것도 하고 싶지 않아지는 것이다.

밥을 먹는 것도 친구를 만나는 것도 그동안 해오던 일도 귀찮고 싫기만 하다. 지금 내가 꼭 무언가 해야만 하는지 의문이 들고, 이 상황을 해결하고 싶은 마음도 들지 않아 문제를 제대로 보려고 하지 않는다.

막살자 형

난 하루도 한 시간도 그냥 산 적이 없는데 내 옆에 누구는 나처럼 치열하게 살지 않고도 거저 얻는 것이 많기만 한 것 같다고 투덜거린 적이 있는가? 일도, 사람도, 돈도, 무엇도 나보다 열심히 하지 않는 것 같은데 그 사람은 왜 나보다 여유가 있어 보이는 건지 생각하게 되면 노력하지 않고 모든 것을 대충 하고 싶어진다.

어쩌면 자기가 살아온 방식이 잘못됐을지도 모른다는 자기비하와 자책을 쏟아내며 '대충 살아보고 막 살아보면 어떨까?'라는 질문을 자신에게 던진다. 진짜 그렇게 살 수도 없으면서 말이다.

현대 사회는 우리에게 더 움직이고, 일하고, 더 많이 성취할 것을 요구한다. 빠르게 변화하는 환경 속에서 성공하기 위해 끊임없이 목표를 설정하고 달성하는 일에 몰두하다 보면 어느 순간 지쳐 있는 자신을 발견하게 된다. 가끔은 생각을 쉬게 하고, 아무것도 하지 않는 즐거움을 느끼는 것이야말로 삶의 질을 높이고, 건강과 행복을 되찾는 핵심이다. 이런저런 이유로 무기력해진다면 그냥 아무것도 하지 않는 축 처진 상황조차도 '지금은 이럴 때인가 보다.' 하고 받아들여 보자.

한 번에 한 가지 일만 하면 시간을 낭비하는 것처럼 느껴지고, 남들과 끊임없이 비교하면서 때로는 혼자만 도태된 것처럼 느껴지는 때가 있다. 계속 일하고 앞으로 나가지 않으면 자신이 무능력하게 느껴진다면 지금부터 그 해결 방법을 찾아보자.

1. 자기인식과 수용

자신이 왜 남들과 비교하게 되는지, 그리고 왜 한 가지 일에 집중할 때 무능력하게 느끼는지에 대해 감정 일기를 쓰자. 자신의 감정을 기록하고, 비교하게 되는 순간과 그로 인한 감정을 파악해보자. 자신의 강점과 약점을 인정하고, 완벽하지 않아도 괜찮다는 사실을 받아들이고, 나만의 속도를 인정하고 나에게 집중하는 것이다.

2. 현실적인 목표 설정

구체적이고Specific, 측정가능하며Measurable, 달성가능하고 Achievable, 관련성이 있으며Relevant, 시간제한이 있는Time-bound 목표를 설정한다.

3. 비교 줄이기

소셜 미디어 사용을 줄이거나, 자신이 비교하게 되는 사람들과의 접촉을 줄이고, 긍정적인 영향을 주는 사람들과 교류한다.

4. 자아성찰

자신이 이룬 성취를 기록하고, 스스로를 칭찬한다. 남과 비교하지 않고, 자신의 발전에만 집중하는 습관을 기른다.

5. 디지털 디톡스

주기적으로 전자기기에서 벗어나 나 자신에 관해서만 열중하며 마음을 다하는 시간을 가진다. 전자기기를 사용하지 않는 시간 동안 산책, 명상, 또는 단순한 휴식을 취한다.

한 가지 일만 하는 것을 무능력하게 느끼는 사람 그리고 끊임없이 자신을 남과 비교하는 사람은 자기인식과 수용, 현실적인 목표 설정, 비교를 줄이는 방법 등을 통해 이러한 문제를 해결할 수 있다. 또한 마음챙김과 명상, 즐거운 활동 찾기, 아무것도 하지 않는 시간을 즐기는 연습을 통해 생각을 쉬게 하고 진정한 휴식을 취할 수 있다. 가장 중요한 것은 자신을 이해하고, 스스로를 긍정적으로 바라보며, 균형 잡힌 삶을 추구하는 것이다.

아무것도 하지 않는 즐거움을 누린다는 것은 우리나라 문화에서 때로는 '게으름' 또는 '시간 낭비'로 여겨지기도 한다. 그러나 현대 사회에서는 이러한 휴식과 여유가 더욱 중요해졌다.

아무것도 하기 싫을 때는 정말 아무것도 하지 않아도 된다. 현대 사회의 빠른 속도와 끊임없는 요구에 부응하는 것만큼 나도 잊지 말고 챙겨야 한다. 휴식과 여유는 우리에게 반드시 필요하다. 마음의 안정을 찾고, 신체적 피로를 풀며, 삶의 에너지를 재충전할 수 있는 시간이 중요하다. 아무것도 하지 않는 시간을 통해 다시 한 번 삶의 소중함을 느끼고, 더 나은 내일을 준비할 수 있다. 그러니 스스로에게 아무것도 하지 않아도 된다는 여유를 선물하자.

나는 무엇에 설레는가

"오랫동안 꿈을 그리는 사람은 마침내 그 꿈을 닮아간다."

프랑스 소설가 앙드레 말로의 말처럼 우리가 보고, 듣고, 경험하는 매 순간이 모여 나의 미래가 된다.

보고 싶은 것만 보고 듣고 싶은 것만 들으며 살아가는 우리는 복잡하고 바쁜 세상에서 내가 목표로 한 것, 관심 있는 것, 남들보다 조금이라도 잘하는 것에 대해 궁금증을 가지며 자신을 들여다 보는 시간을 자주 갖는 것이 좋다. 그러다 나의 특별한 점을 발견하게 된다면 그건 정말 행운이다.

'나는 무엇에 설레는가?'라는 질문을 자신에게 해보자. 인생은 선택의 연속이고 순간의 선택이 모여 내 삶이 된다. 아침에 일어나 운동을 갈지, 인터넷 검색을 하다 시간을 보낼지, 잠을 더 잘지, 벌떡 일어나 책이라도 한 줄 읽어야 할지를 선택하는 것. 마음은 하루를 알차게 살고 싶은 욕구가 인생을 더 풍요롭게 만들어준다. 그런데 의욕은 큰데 행동으로 재깍 옮겨지지 않을 때가 있다. 점점 더 내 몸이 내 마음대로 안 되는 것은 나이 때문일까, 의지력 때문일까? 우리가 하는 대부분의 노력은 조금 더 잘살기 위함이겠지만 하기 싫은데도 애쓰면서 사는 이유는 선택이라는 것을 잘하고 내가 원하는 가슴 뛰는 삶을 살고 싶기 때문이 아닐까?

그렇다면 그 선택을 잘하기 위해서는 어떻게 해야 할까?

첫째, 내가 지금의 상황이나 주어진 현실을 탓한다고 해서 당장에 달라지는 것은 아무것도 없다. 요행을 바라거나 남과 비교하면서 힘들어하지 말고 지금 내가 할 수 있는 것, 무언가를 목표로 하고 그것을 위해서 누굴 만나야 할지 무엇을 우선순위로 해야 할지 등 현재가 아닌 앞으로를 위해 더 나은 것을 준비하려는 자세가 필요하다.

둘째, 만약에 내가 무언가 준비해 시작했다가 실패하더라도 오늘이 마지막인 것처럼 좌절하지 말자. 과거에 굉장히 힘든 일이 있었다고 하더라도 그런 것들이 좋은 경험이 되어 이제 그런 실수를 반복하지 않을 만큼 당신은 분명히 성장했을 것이다. 사람은 살면서 세 번의 기회를 만나는데 한 번은 몰라서 놓치고 두 번은 기회가 온 걸 알면서도 준비가 안 되어서 놓친다고 한다. 만약 그런다면 세 번째 기회는 꼭 알아차리자. 두 번의 기회를 왜 놓쳤는지 이유를 알면 다음 기회가 올 때 더 집중하고 현명하게 대할 수 있고 그러다 보면 큰 기회를 잡을 수 있을 것이다.

셋째, 선택을 잘하기 위해서는 자신의 실력을 제대로 쌓아야 된다. 살아가면서 선택을 해야 하는 순간은 늘 있기 마련인데, 그 선택에 대한 책임은 오직 나에게 있다.

세상은 내가 아는 만큼 보이고 내가 경험한 만큼 선택할 수 있다. 그 선택의 결과는 그동안 내가 충실히 쌓은 내 경험과 노력의 결과다. 어느 쪽이 잘한 선택이었는가는 시간이 지나봐야 알게 되는 것이지만 매 순간 그 사람이 어떤 선택을 해왔는지를 보면 그 사람의 10년 후의 삶이 눈앞에 그려진다. 우리는 누군가의 성공을 우연이라 부르면 안 된다.

이 세상에 당연한 것이 없는 것처럼 우연도, 저절로 되는 것도 없다.

살면서 나에게 온 행운이라는 것은 결국 내가 살면서 세상에 던진 많은 질문의 답이고, 수많은 실패의 정답 풀이 노트다. 좋은 선택을 할 수 있는 역량을 기르기 위해서는 매일 작지만 정답이 있는 옳은 선택을 습관화해보자.

나는 오늘 어떤 선택을 하고 있는가?
내가 요즘 습관처럼 하고 있는 일은 무엇인가?
내가 요즘 자주 소통하는 사람은 누구인가?

"나이 마흔이 넘으면 얼굴에 책임을 져야 한다.(Every man over forty is responsible for his face.)"라는 에이브러햄 링컨의 말처럼 사람의 얼굴에는 그가 여태 살아온 삶의 태도와 성향이 다 드러나게 되어 있다. 나이가 들면 뭐가 좋아지고 나아진다기보다는 멈추지 않을 수 있는 다음 단계가 온다고 여기면 마음에 부담이 덜어질 것이다. 사는 게 재미없고 지겹다고 생각되는 시간이 지나고 나면, 나이가 들수록 세상이 다르게 보이고 모든 게 소중하게 느껴지는 풍요로운 시간이 다가올 것이다.

세상은 나를 위해 설계되지 않았다

아직도 요동치는 마음을 내버려 둔 채 누군가 구해주길 기대하고 있는가? 세상은 나를 위해 설계되지 않았다. 왜 무기력한 자신을 제대로 바라보지 못하고 주저앉아 있는가? 세상에 믿을 만한 사람이 없다고 해서 열심히 살아온 자신조차 믿지 못한다는 것은 살아온 인생 전체를 헛된 시간으로 만드는 것밖에 안 된다.

'나는 왜 이 정도밖에 안 될까?' 하는 생각이 든다고 해도 당신은 잘못한 게 없다. 무능한 게 아니다. 그저 세상을 있는 힘껏 살았지만 방법을 몰라 헤매고 있을 뿐이다. 열심히 살려고 발버둥쳤지만 실제로는 목표로 했던 그 어디에도 도달하지 못하고 오르내리다 혼자 지쳐버렸을 뿐이라는 것을 인정하자.

지금 더 이상 앞으로 나아가지 못하고 멍하니 서서 '여기가 어디지?' 하며 달려온 거리만 재고 있진 않은가? 에너지가 다 고갈돼서 그동안 달려온 길 안에 갇혀 더 이상 엄두를 내지 못한 채 '왜 세상은 나에게만 이렇게 불공평한가?'라고 외쳐대며 자신의 무기력에 대한 핑계를 찾고 있진 않은가?

마치 늪지대와 같은 무기력에 빠진 당신이라면 어떻게 빠져나올 수 있는지 방법을 알아보자.

1. 당황하지 않고 침착하게 행동하기

무기력에서 빠져나오기 위한 첫 단계는 자신의 상태를 인정하고 침착하게 받아들이는 것이다. 당황하거나 자책하는 대신, 현재의 상황을 있는 그대로 받아들이고 차분하게 해결책을 모색해야 한다. 무기력은 누구에게나 올 수 있는 일이라는 사실을 인지하자.

2. 천천히 움직이기

급하게 모든 것을 해결하려고 하기보다는 작은 변화부터 시작하자. 한꺼번에 많은 변화를 시도하면 오히려 더 큰 스트레스를 초래할 수 있다. 하루에 10분 산책하기, 짧은 독서 시간 갖기 등 작은 목표를 설정하고 하나씩 달성해 나가자.

3. 주변의 자원 이용하기

주변의 자원을 적극적으로 활용한다. 책, 온라인 강의, 상담사 등 다양한 도구와 자원을 활용하여 자신을 끌어올리기 위해 필요한 정보를 얻고, 전문가의 도움을 받는 것도 좋은 방법이다. 자신의 상태를 개선하기 위해 지속적으로 학습하고 스트레스 관리 방법, 시간관리 기술, 자기돌봄 방법 등에 대해 배우고 이를 실천해보자.

4. 천천히 앞으로 이동하기

작은 성취를 통해 점진적으로 앞으로 나아가려고 시도한다. 작은 성취감을 쌓아가면서 자신감을 회복하고 더 큰 목표를 향해 가는 것이 중요한데 하루하루 조금씩 더 나아지는 자신을 인식하고 격려하자.

5. 무거운 일상 벗기

부담이 되는 일이나 관계를 정리하는 것도 중요하다. 나를 무기력하게 만드는 원인 중 불필요한 부담이 되는 요소가 있다면 그것을 줄이는 것이 좋다. 때로는 중요한 일에 집중하기 위해 불필요한 일을 줄이는 것이 먼저다.

6. 도움을 요청하기

혼자서 해결하기 어렵다면 도움을 요청하자. 지지받을 수 있는 다양한 방법을 활용하자. 가족, 친구, 동료 등 주변 사람들에게 자신의 상태를 알리고 도움을 청해본다. 혼자서 문제를 해결하려고 애쓰는 것보다 주변 사람들에게 도움을 청하거나, 전문가의 도움을 받으면 조금 더 수월하게 무기력의 원인을 파악하고 해결책을 찾을 수 있다.

무엇이 내 인생을 이끄는지를 제대로 알 때 비로소 무기력을 알아채고 정면으로 응시할 수 있게 된다. 내 안에 나를 이끄는 무언가가 있다는 걸 알아차린다면 당신은 그것에 에너지를 줘야 한다. 남과 같을 수 없는 내 마음이 어떻게 작동하는가를 이해하기 시작할 때 비로소 내가 어떤 일을 하길 바라고 어떻게 살고 싶은지에 대한 답을 이끌어낼 수 있다. 당신은 지금 지쳤지만 남과 다른 어떤 일을 잘할 수 있도록 타고났다는 것을 잊지 말자. 무기력이 나를 힘들게 하는 시간이 오면 내 인생에 터닝 포인트가 시작되었다고 환호성을 질러라! 내 무기력이 어디서 시작되었는지를 거꾸로 거슬러 올라가지 말고 지금의 나를 직시하자.

당신은 자신을 어떻게 바라보는가? 어릴 때부터 나는 남의 시선을 의식하며 살았다. "남들이 보잖아."라는 말을 곧잘 입에 담았던 것이 지금까지도 입버릇처럼 밖으로 나와서 내 행동에 제약을 건다. 이제 와서 생각해보면 남들 눈은 내 인생에 큰 영향을 끼치지 않았다. 죽을 만큼 사랑했던 사람과도 사람과 이별한 후 아파했던 시간이 무색할 만큼 이제는 그 사람이 존재했었는지조차 희미해지는 날이 오는 것을 보면 남들 시선 따위는 공공의 규칙이나 사회적 매너를 지키는 잣대로만 생각하면 된다.

당신의 무기력은 열심히 살아온 대가이고 지금 인생의 터닝 포인트 앞에 서 있다는 것을 믿자. 행복하지 않은가? 열심히 살아온 자신을 믿어보자. 지금 이 무기력이 결국 큰 기회를 줄 것이다. 살다 보면 어느 날은 작은 돌부리에도 걸려 넘어질 때가 있고 큰 장애물도 훌쩍 뛰어넘을 때가 있다.

나는 살면서 단 한 번의 실패를 겪었다. 일에서는 어떤 일을 하든 모두 나중에 하고자 하는 일의 초석이 되었는데 사람과의 관계는 그러지 못했다. 오랫동안 친구로 지내든 연인으로 지내든 별것 아닌 이유로 이별이라는 것을 했다. 그 이후로 나는 자유의 몸이 돼서 무엇이든 다 편히 할 수 있을 것 같았지만 답답한 울타리를 싫어하면서도 스스로 울타리를 치는 성격 탓인지 난 늘 자기 잣대에 갇혀 자유롭지 못했다. 사람은 무언가를 갖고 있을 때는 그게 귀하다는 생각을 잘 하지 못한다. 그래서인지 지금 내가 부러워하는 사람은 가정이라는 울타리를 지키면서 소소한 즐거움을 함께하고 응원해줄 수 있는 내 편과 함께 자기 분야에서 제 몫을 다하고 있는 사람들이다.

　나는 그것이 열심히, 착하게, 성실하게 살면 이뤄지는 것이라 생각했지만, 그것은 착각이었다. 그 평범한 즐거움을 등한시한 대가로 나는 내 편이라 말할 수 있던 사람을 잃었고, 아직도 뭔가를 찾아 헤매는 것 같은 허전함과 같이 살고 있다. 혹시 당신도 지금 그렇게 허전하다면 함께 충만하게 살 수 있는 방법을 찾아보자. 그런 마음을 나만 갖고 사는 게 아니라는 걸 안 지금 조금은 안도감이 들지 않는가?

　상대가 객관적으로 어떤 사람인지보다 더 중요한 것은 나에게 어떤 사람인지다. 그것이 나를 변화시키는 중요한 동력이 된다. 어떤 만남을 통해 맺은 인연이 어떻게 될지는 누구도 알 수가 없다. 사람은 겪어봐야 안다지만 나를 한결같은 태도로 대해주는 사람, 나의 진심을 솔직하게 다 털어놓을 수 있는 사람, 어떤 상황이 와도 내 편일 수 있는 사람이 있다는 것은 최고로 행복한 일이지 않을까? 이런 사람을 갖기 위해선 '이 사람은 이럴 거야. 저 사람은 저럴 거야.' 하며 자기 경험을 바탕으로 경계하는 마음을 조금 내려놓아야 한다. 사람을 온전히 받아들이는 마음가짐이 필요하다.

'나는 왜 함께 행복을 나눌 사람이 없지?'라는 자기 비판적인 물음에 답은 하나다. 인간은 누구나 '고독'한 존재로, 사회를 이루고 살아가지만, 개별성, 독자성을 갖기 때문에 누구나 자기 삶의 주인공이 되는 것이다. 이것이 누구나 느끼고 싶어 하는 '존재감'이다. 내 옆에 사람이 없다고 누굴 탓하지 말고, 이제 보이는 부분이라도 남들이 다가올 수 있는 따뜻한 빛으로 물들여보자.

수줍게 먼저 내민 손을 닮은 연분홍 색깔 티셔츠도 입어보고 안정과 평안을 주는 초록색 드레스도 입어보고, 신뢰를 주는 푸른색의 셔츠도 입어보자. 그리고 무엇보다 내 마음의 바탕색을 따뜻하게 물들여보자. 내가 무색이어서 물들 수 있는 기쁨도 있는 거니까.

04

매너리즘에서 탈출하는 법

주변이 칠흑같이 어두워 보이지 않을 때 나방은 등불을 향해 뒤돌아보지 않고 달려든다. 온몸이 뜨거워서 타버릴지언정 환한 불빛이 좋아 뛰어든다. 거기까지다. 내가 좋아하는 것이 무엇인지를 아는 것은 삶의 목표에 도달할 수 있는 지름길을 아는 것과 같다. 눈부심만을 쫓아 덤빈 불나방같이 되지 않으려면 내가 거기까지 어떻게 갈 것인지, 과정을 어떻게 즐길 것인지 생각해야 한다.

반복되는 일상과 루틴에 갇혀 버리면 매너리즘에 빠지기 쉽다. 새로운 시도나 변화를 두려워하고 창의력도 고갈된다.

더 이상 새로운 아이디어를 떠올리지 못하고, 과거에만 의존하게 되기도 한다. 삶의 무게가 버거울 때, 나를 둘러싼 많은 것으로부터 단절되고 싶은 마음이 찾아올 때면 아무것도 하고 싶지 않아 바쁜데도 멍하게 넋 놓고 있거나 나를 아는 사람이 없는 곳으로 사라져버리고 싶다고 생각할 때가 있다.

매너리즘에 빠진다는 건 마치 끝없는 회색 터널 속을 걷는 것 같다. 매일 반복되는 일상과 단조로운 루틴 속에서 무기력과 지루함이 쌓여 간다. 아침에 눈을 뜨고, 같은 길을 걸어 출근하고, 하루 종일 반복되는 업무에 매달리다 보면 어느새 하루가 끝나고 집으로 돌아오게 된다. 그 과정에서 점점 자신을 잃어버리고, 열정과 창의력은 빛을 잃어간다. 아무리 노력해도 새로운 아이디어가 떠오르지 않고, 더 이상 일에 흥미를 느끼지 못하는 자신을 발견하게 된다.

매너리즘은 단순한 무기력함을 넘어, 우리의 삶 전체를 무겁게 짓누르는 감정이다. 이 감정이 점점 커지면 자신이 무엇을 위해 이렇게 살아가고 있는지, 진정으로 원하는 것이 무엇인지 혼란스러워지기 시작한다. 매너리즘에 빠진 상태에서는 심지어 작은 일조차 큰 부담으로 느껴지고, 모든 것이 귀찮고 힘들어 보이기만 한다. 하지만 이럴 때일수록 자신을 돌아보고, 작은 변화와 새로운 도전을 통해 이 회색 터널에서 벗어나는 방법을 찾아야 한다. 그것이 바로 우리가 다시금 삶의 색을 되찾고, 진정으로 원하는 방향으로 나아갈 수 있는 길이다.

나 역시 매일 같은 일을 반복하다 보면 매너리즘에 빠지게 되는 때가 있다. 사람이 그립지만 사람을 만나는 것도 귀찮다. 내 마음 같지 않은 누군가를 신경 쓰느라 힘들고 싶지 않아서다. 그러다 문득 거울을 바라보니 내 얼굴에는 표정이 없었다. 헤어스타일도 의상도 매번 바뀌지만 무표정하다. 거울 속의 나는 왜 저런 표정으로 나를 쳐다보는 것일까? 다른 사람의 눈동자에서 나를 찾으려 하다 보면 많이 외로워진다. 그가 나만 보는 것이 아니라서 그렇고 이런 나를 내가 보듯 애잔한 눈빛이 아니라서 서글퍼질 수도 있다.

내가 너무 좋은 사람이고 싶어서 다른 사람에게 맞춰가며 살려다 보니 자기중심적으로 살지 못해 그럴 수도 있고, 정말 내가 무엇을 하고 싶은지, 무엇을 좋아하는지도 모른 채 바삐 살아 그럴 수도 있다. 어느 순간 스스로에게는 아무 보상도 해주지 않은 채 여유 없이 살아 턱 하고 숨이 막혀버리면 큰일이다. 그동안 헉헉거리면서 내가 갖고 있는 에너지보다 더 많은 걸 써버리며 살아온 건 아닐까? 불나방처럼 사는 건 거기까지다. 다시 숨을 고르고 마음의 안정되는 호흡을 해보자.

하나, 코로 깊이 들이쉬고 '나는 온전히 편안하다.' 3초

두울, 멈추고 '나는 무엇에도 구애됨이 없다.' 5초

세엣, 입으로 천천히 내쉬고 '나를 힘들게 하는 건 아무것도 없다.' 7초

자신의 하고 있는 일에 최선을 다해본 사람이라면 한계에 부딪히거나 절망적일 때 자신을 책망하는 죄책감에 빠져본 적 있을 것이다. '혹시 내 열정이 부족했나? 뭐가 잘못된 것일까? 그냥 이대로 포기해버릴까? 이렇게 힘든데 이걸 계속 해야만 하는 걸까? 내 불행한 삶도 남들처럼 언젠가 보상이란 걸 받을 수는 있겠지?' 여태 열심히 해왔어도 아직도 자신에 대한 확신이 없다.

그렇다고 다시 시작하거나 다른 것을 찾아볼 용기도 없을 때는 어떻게 해야 하는 것일까? 일만 하며 사는 게 재미없다 느껴져도 내 자리에서 성공하기만 하면 괜찮아질 거라 생각하며 숨 가쁘게 살아왔지만 남은 것은 바닥이 어디인지도 모를 무기력과 우울이라면 이대로 열심히 사는 게 정답은 아닐 것이다.

무엇 때문에 이렇게 살고 있는지 혼란스러워질 때는 일단 멈춤이 필요하다. 아무것도 하지 않는 시간이 있어야 비로소 자신을 돌아볼 수 있는 시간이 찾아온다. 내가 어디로 가

고 있는지 잘 모를 때, 내가 원하는 것이 이것이었나 하는 생각이 들고, 어디론가 숨어버리고 싶다면 몸에 힘을 빼고 늘어져 있는 것도 좋다. 그런다고 여태 쌓아왔던 게 무너지진 않는다.

세상을 살아가는 관점은 사람과 관계된 사적인 것과 일과 관계된 공적인 것, 두 가지로 분류된다. 사적인 관점에서는 가족, 친구, 연인 등과의 관계가 중요한 역할을 한다. 이들은 우리의 정서적 안정을 도모하고, 삶의 질을 높이는 데 큰 영향을 미친다. 반면, 공적인 관점에서는 직장 내의 업무, 직업적 목표, 사회적 역할 등이 주된 비중을 차지한다. 공적인 영역에서의 성취와 인정은 개인의 자존감을 높이고, 사회적 위치를 확립하는 데 기여한다. 자신이 어떤 관점에 더 무게를 두고 살았는지를 돌아보면 자신이 어떤 유형인지 파악이 될 것이다.

매너리즘 극복은 사적인 것과 공적인 것 모두에서 중요한 과제이다. 사적인 영역에서는 새로운 취미를 시작하거나, 여행을 통해 새로운 경험을 쌓으며 일상의 반복을 깨는 것이 도움이 된다. 친구나 가족과의 깊은 대화를 통해 자신의 감정을 공유하고, 정서적 지지를 받는 것도 중요하다. 공적인 영역에서는 업무에 작은 변화를 주거나, 새로운 프로젝트에 도전함으로써 매너리즘에서 벗어날 수 있다. 끊임없는 자기계발과 배움을 통해 자신의 업무 능력을 향상시키고, 동기부여를 유지하는 것도 좋은 방법이다. 또한, 명확한 목표를 설정하고, 그 목표를 이루기 위한 구체적인 계획을 세우는 것이 매너리즘 극복에 큰 도움이 된다. 이처럼 사적인 것과 공적인 것에서 균형을 유지하고, 새로운 도전과 변화를 통해 매너리즘을 극복하는 것은 우리의 삶을 보다 풍요롭고 의미 있게 만들어준다.

매너리즘에서 탈출하기 위한 첫 번째 단계는 자기인식이다. 자신의 일상적인 패턴과 습관을 인식하고, 무엇이 변화를 가로막고 있는지 파악하는 것이 중요한데 이를 위해 일기를 쓰거나, 자기평가를 통해 자신의 행동과 생각을 객관적으로 분석할 수 있다.

두 번째 단계는 새로운 도전과 경험이다.
새로운 것을 시도하는 것은 우리의 사고방식을 넓히고, 창의력을 자극하는 중요한 방법이다. 예를 들어, 새로운 취미를 시작하거나, 여행을 떠나거나, 새로운 언어를 배우는 등의 새로운 경험은 우리의 사고방식을 변화시키고, 새로운 아이디어를 떠올리게 하는 원동력이 된다.

세 번째 단계는 환경을 변화시키는 것이다.

매일 같은 장소에서 같은 일을 반복하다 보면, 자연스럽게 매너리즘에 빠지게 되는데, 이를 방지하기 위해서는 작업 환경을 변화시키거나, 새로운 장소에서 일하거나, 새로운 사람들과 교류하는 등의 방법을 통해 환경을 변화시킬 수 있다. 또한 명확한 목표 설정과 계획이 필요하다.

네 번째 단계는 자기관리와 건강을 유지하는 것이다.

신체적, 정신적 건강은 우리의 창의력과 생산성에 큰 영향을 미친다. 규칙적인 운동과 건강한 식습관, 충분한 수면을 통해 신체적 건강을 유지하고, 명상이나 요가 등을 통해 정신적 건강을 관리하는 것은 일상에 활력을 불어넣고, 매너리즘에서 벗어나는 데 큰 도움이 된다.

결국 매너리즘은 우리의 일상에서 피할 수 없는 부분이지만, 그것을 어떻게 받아들이고 극복하느냐에 따라 우리의 삶은 크게 달라질 수 있다. 매너리즘은 우리가 익숙함에 머무르게 하는 습관이지만, 그것을 인식하고 변화를 추구한다면 우리의 삶은 보다 풍요롭고 창의적으로 변할 수 있다.

인생은 이기고 지는 싸움이 아니다. 있는 그대로의 나를 받아들이고 살아가면 된다. 나약하면 나약한 대로, 그래도 오늘

하루를 잘 버티고 견딘 내가 나의 현실이라는 것을 인정하면 된다. 매일 원하는 것만 하며 살 수는 없다. 힘겨우면 쉬어가고 멈춰서 하늘을 한번 보고 숨을 고르면 된다.

'나는 왜 이럴까?' 하는 생각조차 그만해야 할 때다. 뭔가 문제가 있을 거라는 생각부터 잘못 되었다. 자신을 자책하고 도망치기보다는 적당히 그 자리에서 쉼을 갖자.

05

나는 어디로 가고 있는가

"무작정 당일치기 여행을 떠나본 적이 있나요?"

이 질문에 "네."라고 답했다면 당신은 참 용기 있는 사람이다. 생각이 복잡하고 걱정이 많은 사람은 갑자기 떠나는 여행 같은 건 상상도 하지 못한다. 나는 즉흥적으로 어딘가로 떠나는 일은 시도해본 적이 없다. 이유와 목적과 성과가 분명히 보이는 것이어야 움직이기 때문에 여행할 때도 목적이 있어야만 했다.

삶도 그러했다. 모든 인간에게는 목적의식이 필요하다. 인생에도 내가 왜 이 길을 가고 있는지에 대한 명확한 목적이 있어야 한다. 목적이 있어야 내가 원하는 바에 집중하며 끈기 있게 해낼 수 있다.

중고등학생 시절, 나는 공부에 별로 관심이 없고 거울 앞에서 멋 부리는 것을 좋아했다. 십 대의 나는 특별히 하고 싶은 게 없었다. 대학생이 되어 방학 때 멀티숍에서 아르바이트하게 되었는데, 그곳에 일하는 디스플레이어를 보고 내 인생이 바뀌었다. 연장을 허리에 찬 채 사다리를 타며 의상을 멋지게 연출하는 모습이 대단해 보였다.

'저 언니처럼 되고 싶다.'

처음으로 하고 싶은 게 생겼고 미래를 계획하며 성공에 대한 꿈을 꾸었다. 단식투쟁까지 하며 부모님을 설득했고 서울에 올라와 패션 학원에 다니기 시작했다. 무엇인가 되고 싶다는 열망에 사로잡힌 서울 생활은 힘들었지만 설렜다. 어느 날 방송국 코디네이터 구인 공고를 보고 들뜬 마음으로 면접 보러 달려갔다. 경쟁자들은 스펙이 화려했다. 명문대 출신, 해외연수 경험, 화려한 경력과 우월한 포트폴리오…. 주눅이 들었다. 그래도 면접에선 최선을 다해 나를 어필했다. 그런데 이게 웬일인가? 그들을 다 물리치고 합격했다. 나중에 심사위원에게 들으니 열정과 간절함이 보였고 직업 특성상 사람들을 많이 상대해야 하는데 대인관계능력이 좋을 것 같았단다. 쟁쟁한 경쟁자들을 물리칠 수 있었던 건 꼭 패션과 관련된 일을 하고자 했던 내 간절한 열망 덕분이었다.

그렇게 첫 번째 기회가 왔다. 나는 꼭 내가 원하는 분야에서 성공하고 싶었다. 그래서 한창 예쁘게 꾸미고 놀고 싶은 20대 초중반에 꾸미지도 않고 연애도 포기하고 오로지 일만 했다. 1년 동안은 수습기간이라는 이유로 월급도 없었지만, 불만을 느끼지 못할 만큼 열정적이었다. 내 안에는 뭔가 이뤄내겠다는 단단한 결심으로 가득 차 있었다.

그런데 그때쯤 예상치 못하게 일 때문이 아니라 인간관계 때문에 스트레스를 받기 시작했다. 자신의 경쟁상대로 보이면 방어막을 치고 날카롭게 날을 세우는 사람들 사이에서 나를 지키고 목표를 이루고 살기에 객지 생활과 방송계 생활은 녹록지 않았다.

지방 소도시에서 부모님의 울타리 안에서만 살다가 밖으로 나오니, 세상은 누군가를 밟고 올라서는 일쯤은 당연하게 여기고 '남이야 어떻든 내 알 바 아닌' 각자도생과 승자독식이 난무하는 곳이었다.

'나도 저들에게 잘 보여서 동아줄을 잡아야 하는 걸까? 그래야 빨리 쉽게 성공할 수 있는 걸까?'

'그냥 헛된 욕심 부리지 말고 내 방식대로 열심히만 하면 언젠가 누군가 알아봐줄까?'

서울에서 보낸 몇 년은 경쟁사회 속에서 승자로 버티고 살아남는 것이 절대 쉽지 않다는 걸 확실히 깨닫게 해준 시간이었다.

살면서 나는 옆으로 눈 돌릴 새가 없었다. '목표가 생기면 미친 듯이 앞만 보고 달린다.'가 내 신조였다. 결혼 후 대학에 편입해서 만삭에 졸업했고, 바로 석사과정을 시작해 서른세 살에 교수가 되었다. 실업계 고등학교에 가서 자퇴하려다 말고 겨우 전문대학교에 들어가 졸업할 때까지 별다른 꿈도 없던 내가, 박사학위를 몇 개씩 갖고도 되기 어렵다던 교수가 된 것이었다.

꿈을 이뤘다는 기쁨도 잠시, 일과 육아를 병행하느라 시간이 너무 부족했다. 친정엄마에게 주로 아이를 맡기고 나는 일에 전념했다. 그러던 어느 날 일찍 일을 마치고 어린이집에 아이를 데리러 갔는데 아이 혼자 햇살이 들어오는 거실 바닥에 앉아 있었다. 눈엔 졸음이 가득하고 얼굴은 콧물 범벅이었다. 그러면서도 엄마를 발견하고 달려오는데 가슴이 아팠다. 엄마의 따뜻한 손길이 필요한 나이인데 제대로 돌보지 못해줘서 너무 미안했다. 그때 아이의 모습은 오랫동안 가슴에 남았고, 포기하고 싶을 때마다 나를 일으키는 채찍이 되었다.

내가 반드시 가야 할 곳이라고 여겼던 모교의 교수 자리는 가시방석이었다. 앉기만 힘든 게 아니라 늘 찔려서 피가 났다. 처음 임용되어 출근하던 날, 설립자 동상 앞에 서서 나는 '감사합니다. 학교에 유용하게 쓰일 수 있는 사람이 되어 학교를 가장 빛내는 별이 되겠습니다.'라고 맹세했다. 어떻게든지 잘해서 성과를 내보려고 애썼다. 그런데 그럴수록 힘들었다. 어느 날 타 대학으로 가신 은사님을 인사차 찾아간 자리에서 여쭤보았다.

"교수님, 저는 지금 너무 힘들어요. 국가사업도 따오고 열심히 뭔가 해보려고 할수록 힘만 드네요. 학교에서는 이상한 소문만 돌고 왜 자꾸 이런 일이 생기는 걸까요?"

"수경아, 너는 그걸 모르겠니? 너 대학 다닐 때 교수였던 분들이 아직 다 그대로 계시는데 그분들이 너를 동료로 인정하고 싶으시겠니? 맨날 부족하다고 혼내던 제자를? 아무도 그러고 싶지 않으실 거야."

머리를 망치로 얻어맞은 듯했다. 스승이셨던 교수님들과 동료 교수가 되었다고 생각했는데 그들에게 나는 그저 '제자'에 불과했다. 그때부터 학교에 가면 괜한 자격지심이 들어 눈을 아래로 깔고 다녔다. 그리고 조직에서 살아남기 위해서 죽은 듯이 주변인으로 살았다. 어떤 구설수가 들려도 대응하지 않았다. 세상에 믿을 사람은 나밖에 없는 것 같다는 결론을 내리고 그렇게 자발적 외톨이가 되었다. 교수라는 직업이 철밥통이라는 말도 옛말이다. 지금은 학과가 없어져서 전공수업이 아니라 교양수업을 주로 한다. 내 전공이 뭐였는지 잊을 만큼 소속감을 느끼기도 힘들다. 그 시절 교수가 되겠다는 욕심에 희생당한 가족에 대한 미안함과 내 전부였던 꿈을 잃기 싫은 두려움 때문에 아직까지 자리를 지키고 있는 건지도 모른다.

사람은 잘하고 싶은 것에서 인정받지 못하는 시간이 계속되면 자신을 인정해줄 다른 것을 찾아 떠나거나 아예 인정받고자 하는 마음을 버린다. 조바심에 잘못된 길을 선택하는 때도 있다. 인생은 답사를 갈 수가 없다. 여행을 떠나기 전 목적지를 미리 알고 현장을 다녀와서 무엇을 미리 준비해야 하는지 파악할 수 없다는 말이다.

사람들은 목표를 정하고 끊임없이 도전해서 이뤄낸 그것이 성공이라 말한다. 그것이 크든 작든 금방 이루어지는 것은 없다. 이 자리가 낭떠러지의 끝인 양 멈춰 서 있으면 두려움에 한 발짝도 더 나아가지 못하게 된다.

지금 나는 어디로 가고 있는가? 나의 목표는 무엇인가? 정해진 속도, 정해진 코스, 정해진 프로그램이라는 것은 없다. '누구 같아야만 해.'라거나 '어떻게 살아야만 해.'라는 것도 없다. 남들이 가는 속도, 남들이 가는 길이 아니라 내가 갈 수 있는 속도로 내가 정한 목표를 향해 차근차근 가면 된다.

행복하세요?

우리는 누구나 행복해지길 바란다. 늘 행복하게 살기를 원하지만 정작 행복이 무엇인지, 어떻게 그것을 찾고, 유지할 수 있는지에 대해서는 깨닫지 못한다. 심리학자들은 행복을 주관적인 복지 상태로 정의한다. 행복은 자기 삶에 대한 긍정적인 평가와 감정의 경험을 포함하고 있으며, 외부 환경에 의존하기보다는 내면의 평온과 자아실현에서 비롯된다고 한다. 나의 행복을 찾기 위한 가장 쉬운 방법은 내가 어떤 활동을 할 때 가장 기쁘고 활력이 넘치는지를 관찰하는 것이다.

사람은 별 탈 없이 만족할 만한 일상을 살면서도 타인의 삶과 비교하느라 자신의 행복한 순간을 놓치고 있다. SNS에서 행복해 보이는 사진들을 보며 '쟤보다는 내가 낫네.' '이만하면 됐네?' 하며 상대적 만족감을 느낄 수도 있고, '너무 부럽다. 이렇게 사는 나는 뭐지?' 하며 불행해할 수도 있다.

대부분의 사람은 자신의 일상에서 누리는 것보다 더 큰 만족감을 느껴야 비로소 행복하다고 생각하기 때문에 완벽한 행복을 느끼기가 어렵다. 겉으로 완벽해 보이는 사람들도 나름대로 아픈 구석과 힘든 상황이 있다는 것을 알지만 그들은 나보다 더 행복할 것이라고 짐작한다. 내가 이렇게 열심히 살고 있는데 겨우 이만큼을 놓고 완벽한 행복이라고는 인정하고 싶지 않아서 더욱 더 큰 행복을 찾으려고 하는 것인지도 모른다.

행복의 사전적 의미는 '사람이 생활에서 충분한 만족과 기쁨을 느끼는 상태에 있는 것'이다. '충분한'이라는 기준은 대체 어디까지로 정해야 할까? 우리는 늘 충분치 못해 안달하고, 힘들어하고, 그래서 더 열심히 내달린다. 자기 삶에 만족하지 못하는 사람들은 충분치 못하다는 것을 대부분 어떻게 인지하고 있을까? 그것은 불행하게도 남과 비교하는 데서 생기는 감정의 인식이다.

각자 행복에 대한 정의와 크기가 다르기에 인생에 정답은 없다고 말하지만 내가 듣고 싶은 해답을 구하기 위해 끊임없이 묻고 답하기를 반복하면서 살고 있는 건 아닐까? 불행 중 다행인 것은 그래도 사람들은 '모르니까 포기해야지.'가 아니라 '알아가려고 노력해야지.'라고 생각하며 행복을 추구한다는 것이다.

> 가난이 뭔지 모르면, 궁핍하지 않고
> 아픔이 뭔지 모르면, 불행하지 않고
> 사랑이 뭔지 모르면, 미움도 없다.

우리가 그토록 누리고 싶어 하는 행복에는 유통기한이 있어서 내가 원한다고 마냥 지속되진 않는다. 인생의 계단을 성실하게 한 걸음 한 걸음 올라가면 그 끝에 행복이 두 팔 벌려 맞이해줄 것만 같지만, 올라갈수록 돌아보는 내 시야에 더 많은 것들이 눈에 들어오게 되고 시간이 지나갈수록 매사에 비교하게 된다. 처음 느꼈던 행복에 만족하지 못한 채 "더 빨리! 더 크게! 더 많이!"를 외쳐대는 자신을 발견하고 그 속에서 느끼는 자기결핍에 더 힘들어한다.

살다 보면 한계에 부딪힐 때가 오기 마련인데 이때 삶을 대하는 태도는 삶의 질을 바꾸고 인생에 다른 결과를 가져온다. 늘 행복을 갈구하면서 자신은 왜 온전히 행복하지 못하는지 고민하며 시무룩한 표정으로 남의 행복만 바라보다 인생을 망치는 사람들이 있다. 내 삶은 남의 시선에 있지 않다. 내가 살아내는 것이다. 스스로 온전히 행복하지 못하다는 생각이 들면 자신에게 한번 물어보자.

'내가 원하는 행복은 나 자신을 위함일까? 아니면 남에게 행복한 사람으로 보이기 위함일까?'

행복을 추구하기 위해서는 일상에서 의식적인 노력을 해야 한다. 행복과 거리가 멀다고 느껴진다면 행복을 찾는 데 도움이 되는 구체적인 방법들을 실천해보자.

1. 긍정적 사고 개발
· 감사 일기 작성: 매일 저녁, 그날 경험한 긍정적인 일들에 대해 기록한다.
· 긍정적 자기 대화 실천: 부정적인 생각이 들 때, 이를 긍정적인 방향으로 전환한다. 예를 들어, '나는 실패했다.'는 생각을 '나는 이번 경험에서 배웠다.'로 바꿔본다.
· 긍정적인 사람들과 시간 보내기: 매사에 긍정적이고 호의적인 사람들과 시간을 보낸다. 좋은 삶의 자세를 보고 배우면 긍정적인 영향을 받게 될 것이다.

2. 자기돌봄의 실천
· 규칙적인 운동 계획: 일주일에 최소 3회, 30분 이상 운동

한다. 내가 즐길 수 있는 활동을 선택한다.

· 건강한 식습관 유지: 나에게 맞는 균형 잡힌 식단을 만든다. 신선한 과일과 채소, 통곡물, 적당한 단백질 등을 섭취한다.

· 충분한 수면 : 매일 밤 7~8시간의 수면을 목표로 한다. 좋은 수면 습관을 개발하기 위해 잠자기 전에 전자기기 사용을 줄이고, 편안한 수면 환경을 만든다.

3. 목표 설정과 달성

· 단기 및 장기 목표 설정: 개인적이고 직업적인 목표를 설정한다. 목표는 구체적이고 현실적으로 달성할 수 있는 것이 좋다.

· 작은 단계로 나누기: 큰 목표를 작은 단계로 나누어, 각 단계를 달성할 때마다 성취감을 느껴보자.

· 진행 상황 추적: 목표에 대한 진행 상황을 주기적으로 검토하고 조정한다.

4. 관계의 강화

· 의미 있는 대화 찾기: 친구나 가족과 깊이 있는 대화를 나눈다. 서로의 생각과 감정을 공유하며 관계를 강화할 수 있도록 노력한다.

· 공감 능력 키우기: 타인의 처지에서 생각하고 느껴보자. 이는 관계에서 더 깊은 연결감을 만든다.

· 사회적 활동 참여: 커뮤니티 활동이나 그룹 모임에 참여하여 새로운 사람들을 만나고 관계를 넓힌다.

07

마음 돌보기

짙게 드리운 미세먼지는 사람들의 기분과 건강에 해를 끼칠 수 있어 날씨 뉴스에서는 늘 주의를 당부한다. 숨쉬기 불편하고 답답하지만 미세먼지의 해로움을 막기 위해 마스크를 쓰고 내 몸을 챙겨야 한다. 이렇게 몸을 챙기듯 마음도 일상적으로 세심하게 챙길 수 있어야 한다. '이쯤이야.' 하며 가볍게 여기지 말고 늘 자신의 몸과 마음을 건강하고 아름답게 지키기 위한 노력을 해보자. 사람에게서 오는 피해든 자연의 재해든, 그것을 대비하여 내가 원하는 것을 받아들이고 원하지 않는 것을 거부할 수 있도록 말이다.

오늘 내 마음은 어떠했는가? 몸과 마음이 따로 노는 것 같은 바쁜 생활 속에서 내 마음을 챙기면서 산다는 것은 쉽지 않은 일인 것 같다. 나무가 자라면서 나이테가 생기고 대나무처럼 마디마디가 굵어져 풍파를 이겨낼 수 있는 견고함이 생기는 것처럼 마음을 잘 돌보면 마음근육이 단단해진다. 하지만 마음을 미처 돌보지 못하면, 원하지 않는 변화를 겪는 동안 쉽게 무너진다. 에너지도 소진되고 용기도 없어진다. 이 상태에서 세월이 흐르고 나이를 먹어가면 내 마음 하나 챙기기도 버거운 인생이 되고 만다.

나는 '나중에'라는 말을 좋아하지 않는다. 그건 어떤 상황에 대해 책임지고 싶지 않아 도피하는 것일 뿐이다. '지금은 때가 아니야, 나중에.'라는 말로 기회를 놓치거나 소중한 사람을 잃지 말자. 내가 미루는 순간조차도 타인에게 전부일 수 있는 시간이기 때문이다. 지금부터 마음을 챙기면서 사는 방법을 살펴보자.

마음챙김 프로세스

① 호흡에 집중하기: 가장 기본적인 마음챙김 연습으로, 현재 순간에 집중한다. 숨이 들어오고 나가는 것을 느끼며 마음을 안정시킨다.

② 몸 감각 인식하기: 몸의 각 부분에 대한 인식을 높이는 연습으로, 발끝부터 시작하여 전신의 감각을 순차적으로 인식하며 집중한다.

③ 식사 명상: 음식을 먹을 때 각각의 맛, 질감, 색깔 등에 주의를 기울이며, 느리고 의식적으로 식사한다.

④ 감정 인식 연습: 자신의 감정을 인식하고 수용한다. 어떤 감정이든 판단하지 않고 관찰자의 관점에서 감정을 바라보며 이해한다.

⑤ 긍정적인 자기 대화: 스스로에 대한 부정적인 생각을 인식하고, 이를 긍정적으로 바꾼다.

⑥ 감사 연습: 긍정적인 마음 상태를 조성하고 마음챙김을 강화한다.

⑦ 긴장 완화 명상: 심호흡과 몸을 이완하는 방법을 통해 스트레스를 감소시킨다.

⑧ 마음챙김 일기 작성: 하루 동안의 마음챙김 실천 경험을 일기로 작성한다. 이는 자신의 발전을 기록하고 성찰하는 데 도움이 된다.

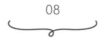

08

진정한 자아와 가면

'마트료시카'라는 러시아의 전통 인형이 있다. 볼 때는 하나의 목각 인형 같지만 열면 그 안에 5개 이상의 다른 인형이 들어 있다. 우리 안에도 마트료시카 인형처럼 겹겹이 쌓여 있는 여러 자아가 있다. 무수히 많은 상황에 따른 자아가 숨어 있다. 거짓된 모습과 에고와 페르소나를 구분하려는 노력을 해야 진짜 나의 모습을 찾아낼 수 있다.

사람은 누구나 다양한 상황에 따라 스스로 만들어낸 모습, 즉 가면을 쓴 채 사람들을 대하고 진짜 자아를 숨기며 살아간다. 실제 나의 모습을 표현하는 것보다 세상에 맞춰가면서,

가면 뒤에 숨는 것이 더 마음이 편하기 때문일 수도 있다.

그 때문인지 코로나19로 의무적으로 마스크 착용을 해야 했을 때 자기 얼굴을 가린 채 사회생활하는 것이 오히려 편하다고 고백하는 사람도 많아졌다. 사실 자기 내면을 숨기지 않고 다 드러내면서 '이게 나예요.' 하고 살아가는 사람이 얼마나 될까? 그런 사람이 있다면 지독히 이기적이거나 정말 순수한 사람이거나 둘 중 하나일 듯하다.

사람은 성장 과정에서 어떠한 이유로든 상처가 생긴다. 어떤 사람은 그 상처를 외부로부터 단단한 딱지로 만들어 내면을 보호하지만, 어떤 사람은 상처가 아물기도 전에 또 다른 상처를 입어 연약하고 예민해진다.

인간은 사회적 동물이기 때문에 다양한 상황과 관계에서 여러 '가면'을 쓴다. 이러한 가면은 사회적 상호작용의 필수적인 부분이며, 우리가 다른 사람들과 원활하게 소통하고 관계를 맺는 데 도움을 준다. 가면은 우리의 진정한 감정이나 생각을 숨기는 역할을 할 수도 있고, 특정한 사회적 역할이나 기대에 부합하기 위한 수단이 될 수도 있다. 하지만 이러한 가면이 우리 자신과 우리의 관계에 미치는 영향은 복잡하며, 때로는 예상치 못한 결과를 초래할 수도 있다.

그렇다면 가면의 다양성에 대해 알아보자.

사회적 상황에 따른 역할

우리가 살아가는 사회적 환경은 다양한 가면을 요구하는데 이는 각기 다른 사회적 상황에서 우리가 그 역할과 기대에 부합하도록 도와준다. 예를 들어, 직장에서는 전문성과 능력을 보여주는 가면이, 친구들 사이에서는 또 다른 유형의 소통과 행동을 보여주는 가면이 필요하다. 리더십이 요구되는 상황에서는 자신감과 결단력 있는 모습을 보여주는 가면이 필요하며, 가족과의 시간에서는 더 개인적이고 친밀한 모습의 가면을 쓰게 된다. 이렇게 다양한 가면을 쓰는 것은 사회적 유연성을 나타내며, 다양한 상황에 효과적으로 적응할 수 있게 해준다. 하지만 이 가면들은 각각의 역할에 맞추어져 있어서, 때로는 우리가 느끼는 감정이나 생각과는 다를 수 있다. 또한 우리가 타인과의 관계에서 정직하고 진정한 모습을 보여주기 어렵게 만들 수도 있기 때문에 가면의 다양성을 이해하고 적절히 사용하는 것이 중요하다. 이는 사회생활에서 원만하고 효과적인 관계를 구축하는 데 필수적인 요소다.

가면의 긍정적 활용을 살펴보면 사회적 가면을 쓰는 것은 단순히 타인에게 좋은 인상을 줄 수 있을 뿐 아니라 다양한 관계와 상황에서 효과적으로 소통하고 상호 작용할 수 있다. 중요한 것은 이러한 가면이 우리 내면의 한 부분을 반영한다는 것이다. 우리는 한 사람 안에 여러 가지 면모를 가지고 있으며 그것들은 다양한 상황에서 나타난다. 가면을 긍정적으로 활용한다는 것은 이러한 면모들을 이해하고 적절히 표현하는 것을 의미한다. 이 과정에서 생기는 자기인식과 자기수용은 우리를 어떤 사회적 상황에서도 더 자신감 있고 진정성 있게 행동하게 만들어준다.

그렇다면 가면의 부정적 측면은 무엇일까? 가면을 너무 오랫동안 또는 지나치게 사용하면 자신의 진정한 감정과 생각을 소홀히 할 위험이 있는데, 이는 자아상실, 정체성 혼란, 정서적 불안정으로 이어질 수 있다. 예를 들어, 직장에서 지나치게 전문가적인 가면을 쓴다면 진정한 자신의 감정을 무시하게 되고 스트레스가 심하게 축적될 수 있다.

이러한 문제를 해결하기 위해서는 먼저 자신이 어떤 가면을 언제, 왜 쓰고 있는지를 인식하는 것이 중요하다. 자기인식을 통해 자신이 어떤 상황에서 어떤 가면을 쓰고 있는지, 그리고 그것이 자신과 타인에게 어떤 영향을 미치는지 이해하려고 노력해야 한다. 또한 가면 뒤에 숨은 자신의 진정한 감정과 생각에 귀를 기울여야 한다. 이외에도 진정성 있는 자아표현의 중요성도 강조해야 한다. 사회적 상황에서 필요한 역할을 수행하는 것과 자신의 진정한 감정과 생각을 표현하는 것 사이에 균형을 찾는 것이 중요하다. 이를 위해 일상

생활에서 자신만의 시간을 가져 자기성찰을 하는 것이 도움이 된다. 또한 신뢰할 수 있는 친구나 가족과의 대화를 통해 자신의 진정한 감정과 생각을 나누는 것도 중요하다.

마지막으로 '가면 너머의 자아', 즉 사회적 가면 너머에 있는 우리 자신의 진정한 모습을 발견하고 표현하는 방법을 알아보자. 사회적 가면 너머에 있는 진정한 자아를 발견하고 표현하는 것은 우리가 누구인지, 무엇을 원하는지를 이해하는 데 필수적이다. 진정한 자아를 탐색하는 것은 우리의 진실한 감정과 생각, 가치, 그리고 열정을 발견하는 과정인데 자기 자신을 깊이 이해하고 자신만의 독특함을 인정하며, 결국 자신감을 키우는 데 도움이 된다.

진정한 자아를 발견하는 데에는 자아성찰과 명상, 취미나 관심사 등을 통한 자기표현의 시간과 노력이 필요하다. 예를 들어, 창작 활동이나 자연 속에서의 시간은 내면의 목소리에 귀 기울이는 데 도움을 줄 수 있고, 자신의 감정과 생각을 다른 사람과 공유하면서 자신의 진정한 모습을 표현하는 것도 중요하다. 진정한 자아를 표현하는 것은 때로는 용기가 필요한 일이다. 왜냐하면 사회적 기대나 가면 뒤에 숨는 것이 더 편안하게 느껴지기 때문이다. 그러나 자신의 진정한 모습을 드러내야 자신의 정체성을 강화하고 더 충실한 인간관계를 만들 수 있다. 이 과정에서 자기수용과 자기애의 중요성을 잊지 말아야 한다. 자신을 있는 그대로 받아들이고 사랑하는 것은 우리가 가진 큰 힘 중 하나다.

페르소나는 이처럼 필수적인 사회적 도구이며, 다양한 상황에서 우리를 표현한다. 우리가 사회적 상황에 어떻게 반응할지를 스스로 결정하는 힘은 가면과 진정한 모습 사이의 균형에서 나온다. 가면을 넘어서는 삶이란 자신을 더 깊이 이해하고, 삶의 진정한 의미와 목적을 찾는 여정이라 할 수 있다. 가면 뒤에 숨지 않고 자신의 진정한 모습을 용기 있게 드러내며 자신감과 자아 존중감을 높이기 위해 노력해보자.

09

시절 인연

"불성의 뜻을 알고자 한다면 마땅히 시절 인연을 살펴야 한다."

『열반경』에 있는 말이다. 시절인연時節因緣은 불교의 업설과 인과응보에 의한 것으로 사물의 현상은 인과의 법칙에 따라 특정한 시간과 공간의 환경이 조성되어야 일어난다는 뜻이다. 인연은 업業과 연緣이 쌓여 만들어지는 것으로, 적당한 때가 되면 일어날 것이고 그렇지 않으면 만들어지지 않는다는 것이다.

시기마다 곁에 있는 사람이 변할 수 있고, 필요로 하는 사람이 달라지기도 한다. 곁에 없으면 죽을 것만 같았던 사람과 어떤 이유 때문인지도 모르는 채 헤어지기도 하고, 아무것도 아닌 사소한 일이 계기가 되어 남보다 못한 존재가 되어 버릴 때도 있다. 당신이 인생에서 그 시점에 어떤 것에 집중하고 무엇을 원하느냐에 따라 관심이 달라지고 마주하는 사람 또한 달라진다.

우연히 만나서 언제였는지도 모르게 마음속으로 들어와, 왜인지도 모르게 사라지는 사람들. 도대체 무엇이 잘못된 것일까? 사람이 성장하는 데는 경험이 중요한데 각자에게 주어진 시간이 한정적이기 때문에 우리는 인간관계에 따른 간접 경험을 통하여 세상을 배우기도 한다. 좋은 관계는 우리에게 긍정적인 에너지를 제공하고, 나쁜 관계는 우리를 소진시킨다. '모든 사물의 현상은 시기가 되어야 일어난다.'라거나 '때가 되면 인연이 만들어질 것이다.'라는 말은 뭔가 애쓰지 않아도 된다는 것처럼 느껴지지만, 깊이 생각해보면 나의 공과 노력이 어느 정도 쌓여야 좋은 인연을 만들 수 있다는 뜻이기도 하다. 좋은 인간관계를 맺기 위해 가져야 할 태도에 대해 생각해보자.

1. 개방성과 수용성
새로운 사람들을 만날 때 마음을 열고, 다양한 배경과 생각을 가진 사람들을 받아들인다.

2. 학습과 개발
새로운 기술이나 지식을 배우기 위해 강좌나 워크숍에 참여한다.

3. 적극적인 네트워킹
사회적 모임, 전문적인 이벤트, 지역 커뮤니티 활동에 참여하여 다양한 사람들과 만나본다.

4. 상호작용의 질 향상
이미 형성된 관계에서 의미 있는 대화를 추구하고, 감정적인 지원을 주고받는다.

5. 도전과 모험
불편함을 느끼는 활동에 도전하고, 새로운 경험을 통해 자신의 한계를 확장한다.

6. 성찰적인 목표 설정
단순한 성과가 아닌, 깊은 의미와 성취를 추구하는 목표를 설정한다.

나는 늘 선한 영향력을 주는 사람이 되고 싶었다. 사람들의 삶을 변화시키고, 동기부여가 되는 글을 쓰고, 마음을 울리는 강연을 하고 싶었다. 진심을 담아 내어주는 손길이 상처받은 사람들에게 마냥 따뜻하고 위안이 되어주길 바랐다.

어느 순간 그 손길을 사람들이 좋아할 거라고, 반갑게 잡을 거라고 생각한 것은 내 착각일지도 모른다는 생각이 들었다. 타인에게 필요한 사람이 되고 싶다는 마음을 가질 수 있음에 감사함으로 시작한 많은 일들로 인해 세상이 내 마음 같지 않음을 생각보다 일찍이 알게 되었고, 그 이후 난 내가 가치 있다고 생각한 삶에 대한 고민이 깊어졌다.

왜일까? 인생은 타이밍이 중요하다. 아무리 훌륭한 사람이라도 적절한 때가 아니고 그를 원하는 대상이 없다면 아무것도 할 수 없고, 아무리 완벽한 상대가 나타나도 내가 누군가를 만날 수 있는 준비가 되어 있지 않으면 그냥 지나쳐 버릴 수밖에 없다. 그래서 사람은 자아성찰을 통해 내가 지금 어떤 상황인지, 원하는 것이 무엇인지를 알아차릴 필요가 있다. 이것은 자신의 감정, 생각, 행동에 대해 깊이 이해할 수 있으며, 우리의 인간관계와 삶의 결정에 영향을 미친다.

우리가 성장하고 변화하는 과정에서 할 수 있는 자아성찰의 방법은 다음과 같다.

1. 일기 쓰기

매일의 경험, 감정, 생각을 기록하고, 그것들이 어떻게 나의 인간관계와 결정에 영향을 미치는지 되돌아본다.

2. 명상과 내면의 탐구

정기적인 명상을 통해 내면의 평화를 찾고, 나의 필요와 욕구에 더 귀 기울인다.

3. 피드백 받기

친구나 동료, 멘토로부터 피드백을 받아 나의 행동과 태도를 이해하는 데 도움을 구한다.

좋은 인연을 만들기 위한 노력은 우리가 새로운 지식과 기술을 배우고, 삶의 다양한 경험을 하는 데 필요한 사람들과 만나도록 해준다. 우리는 사람 때문에 힘들어하지만 동시에 사람 때문에 성장하고 만족하고 성취감을 느낀다.

10

나를 사랑하고 받아들이는 방법

"저 사람에게는 특유의 분위기가 있어."

자신만의 기준을 가지고 있는 사람은 멀리서도 자신감으로 빛이 난다. 재벌이 아니어도 지위나 명예가 엄청 높지 않아도 "내가 어떤 사람이냐면…." 하고 으스대지 않아도 존재 자체가 우월하고 아름답다.

모두가 다른 사람들보다 우월해지기 위해서 사는 것은 아니지만 누군가에게 대우받고 인정받는 삶을 상상해본 적 있지 않은가? 지금보다 우월해지고 싶다면 다음 내용을 한번 살펴보자.

· 자신이 어떤 사람인지를 정확히 아는가?

· 어떤 목표를 원하는지 명확하게 알고 그 목표를 이룰 수 있는 방법을 찾고 있는가?

· 그 결과를 바탕으로 책임감 있는 행동을 하는가?

자신만의 기준이 있는 사람은 내면에서 우러난 긍정적인 에너지와 아우라를 갖고 있으며 이로 인해 누군가의 말에 쉽게 흔들리거나 한편으로 치우치지 않는다. 언제 자신을 어필하고 어떻게 다른 사람에게 도움을 청해야 하는지, 누구에게 혹은 무엇에 의존해야 하는지를 파악하고 있기 때문에 시간을 쓰는 데 있어서 남들보다 낭비가 없다. 그리고 자신의 기준이 명확하기 때문에 타인이 어떻게 행동을 해줬으면 하는지를 분명하게 이야기할 수 있고 어렵지 않게 요구할 수도 있다. 또한 타인에게 필요한 부분을 내가 어떻게 도와줘야 하는지도 정확하게 파악하고 있다.

사람들은 누구의 말만 듣고 시작했다가 중도 포기를 곧잘 한다. 자신이 없는 부분에서 노력만 있는 힘껏 하다가 지치거나 실망하면서 자신을 비하하거나 자책한다. 무작정 시작했다가 보기 좋게 실패했다고 해서 자신을 낮게 평가하고 좌절하는 것은 어리석은 행동이다.

자신만의 기준이 있는 사람은 옆에서 보기에도 당당하고

아름답다. 스스로에 대해 눈뜬다는 것은, 다른 사람에게 인정과 평가를 받고 싶어 하기보다는 자기의 기준에 맞춰서 스스로를 가치 있는 존재라고 인식하는 것이다.

어떻게 하면 '나 자신을 진심으로 인정할 수 있는가?'라는 자기의 기준을 확실하게 세우는 것도 반드시 필요하다. 이런 기준이 있으면 실패나 어려움에 직면할지라도 남 탓하지 않고 자신이 실패를 거울삼아서 문제를 제대로 인식하게 된다. 그것들이 모여서 자신만의 기준을 명확하게 만들어지는 것이다.

사람은 누구나 '뭐가 되고 싶어!'라거나 '저걸 갖고 싶어.'처럼 마음속으로부터 우러나오는 욕망을 가지고 있다. 그 욕망은 한이 없기 때문에 채워질 수 없고 충족될 수 없다. 그것이 진리다. 그런데 자신의 욕망이 채워지지 않는다고 해서 욕구불만에 시달리고 불평불만만 하다 보면 어느 순간 자신의 인생이 무엇을 원하고 원하지 않는지 명확하게 파악할 수 없는 상태가 된다.

욕망을 어떻게 가득 충족시킬지에 집착하지 마라. 그 대신 어떤 부분을 선택하고 어떤 부분에 집중할지 또 무엇을 버려야 할지를 파악하면서 자기 자신을 가치 있는 존재라 믿고 앞으로 계속 나아가보자.

1. 외모에 대한 과도한 연민

외모에 대한 불만이 컸던 사람은 자기연민을 통해 외모에 집착하지 않고 자신의 장점을 발견하고 단점을 인정하는 방향으로 변화한다. 외모에 대한 평가에 과도하게 의존하던 것을 극복하여 자존감을 향상시키고 다른 많은 삶의 영역에도 긍정적인 영향을 미친다.

2. 사회적 비교에 대한 연민

다른 사람들과의 비교를 통해 자신을 평가하는 경향이 있던 사람은 자기연민을 통해 주변의 비교에 영향받지 않고 자기의 가치를 인정하고 자신만의 성취를 추구하는 방향을 깨달을 수 있다. 사회적 비교에 갇혀 있던 것에서 벗어나 자기의 특유한 능력과 가치를 발견하여 자신감을 회복한다.

3. 완벽주의에 대한 연민

완벽을 추구하는 경향이 강했던 사람은 자기연민을 통해 완벽성을 위한 과도한 압박을 늦추고 자신의 한계를 받아들이며 삶의 균형을 찾는다. 완벽을 추구하는 대신 개인적인 성장과 만족을 중시하는 방향을 갖는다.

4. 자기비하에 대한 연민

자신을 자주 비하하고 비관적인 이야기를 하는 사람은 자기연민을 통해 자신에 대한 부정적인 이야기를 멈추고 긍정적인 자기 대화를 할 수 있는 방법을 익힌다. 자기이해와 자기 사랑을 통해 자신의 가치와 잠재력을 인정한다.

5. 과거에 대한 후회와 자책에 대한 연민

과거의 실수와 실패에 대한 후회와 자책에 갇혀 있던 사람은 자기연민을 통해 과거를 받아들이고 교훈을 얻는 방향으로 변화한다. 과거에 대한 자책과 후회를 뒤로하고 현재와 미래에 초점을 맞추며 새로운 가능성과 성공을 찾는다.

자신을 사랑하지 못하고 미워하는 사람, 습관적으로 자기비하를 하는 사람의 일반적인 유형은 다음과 같다.

1. 완벽주의자

완벽을 추구하다 보면 자주 자기를 비하하고 부정적으로 평가하는 경향이 있다. 자기 자신에게 대한 기준이 매우 높기 때문에 자기비하를 하는 것이 일상화되어 있다.

2. 자기비하 센스가 높은 사람

유머를 위해 자기비하를 많이 사용하는 사람이다. 자기비하를 하는 동안 다른 사람들에게 재미를 주고자 하지만, 이런 자기비하 센스가 너무 강할 경우 자기 자신에 대한 부정적인 자아이미지를 형성할 수 있다.

3. 자기비하 중독자

자기비하가 상반된 방향으로 강조되기 시작하여 자기부정에 사로잡힌 사람이다. 자기 자신을 낮추고 자신에게 비난과 과잉 자책을 주는 행동을 자주 반복한다.

4. 사회적 비교에 강한 사람

다른 사람들과의 비교에 집착하는 경향이 있는 사람이다. 자기보다 남들을 더 좋게 보고 이에 대한 불만과 자기비하를 하며, 자기 자신을 비교와 경쟁을 통해 평가하는 경향이 강하다.

5. 자기 자신을 소중히 여기지 못하는 사람

자기 자신을 소중히 여기지 않고 자기비하를 하거나 자기 모습을 부인하는 경향이 있는 사람이다. 자기 자신에 대한 자신감이 결여되어 있으며, 부정적인 자아이미지를 가지고 있는 경우가 대부분이다.

이러한 유형의 사람들은 각자의 이유와 특징에 따라 자기 비하에 얽매여 있으며, 자기연민과 성장을 위해 자기비하에 대한 인식과 대응 방법을 탐구할 필요가 있다.

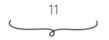

11

낙관주의자는
난관 속에서도 기회를 찾는다

어느 시대에든 변화는 있었고 세상은 끊임없는 변화를 통해 달라지고 있으며 변화의 속도는 더욱 빨라지고 있다. 대부분의 사람들은 변화를 두려워하지만 낙관주의자는 어떤 상황에서도 기회를 찾아낸다. 물리적인 세계에서 '영원함'이란 존재하지 않는다. 계절은 바뀌고, 기술은 발전하며, 사회와 문화도 시시각각 변화한다. 낙관주의자의 눈으로 바라볼 때, 변화는 새로운 가능성의 문을 열고, 우리에게 적응하고 성장할 기회를 제공한다. 이를테면, 경제적 위기는 누군가에게는 실패와 좌절을 의미할 수 있지만, 낙관주의자에게는 새로운 비즈니스 모델을 탐색하거나 개인적 능력을 강화할 기회가 되기도 한다.

그렇다면 정신적·감정적 차원에서 영원함을 찾을 수 있을까? 사람들은 인간의 감정, 특히 사랑과 우정 같은 감정은 시간이 흘러도 그 깊이와 의미를 잃지 않는다고 믿기 때문에 인간관계 속에서 깊이 있는 연결을 추구한다. 인간의 탄력성과 창의성은 어떤 상황에서도 새로운 길을 찾아내고, 자신과 사회를 더 나은 방향으로 이끌어가며, 변화를 두려워하지 않고 새로운 기회를 포용하는 데 필요한 에너지를 준다. 따라서 변화는 두려움의 원천이 아니라 성장과 발전의 마중물이라 할 수 있다.

내가 최고인 줄 알고 자만하고 살다가 어느 날 나보다 못하다고 생각한 사람과의 경쟁에서 물러나게 되었을 때, 혹은 나를 지지하던 모든 사람이 한꺼번에 나에게서 멀어질 때. 그것을 아무렇지도 않게 이겨낼 수 있는 사람이 얼마나 될까?

어떤 상황에 부딪혔을 때 약한 사람은 무능력한 자신을 탓하고 강한 척하는 사람은 남의 탓을 한다. 무엇이든 만들고 이루고 올라가는 것보다 그것을 지켜내고 유지하고 잃지 않는 것이 얼마나 중요한지 나이를 먹어가면서 새삼 더 느낀다. 무엇인가 애써 지키기 위해서는 스스로 극복하는 힘, 내 마음의 중심을 잡는 것이 중요하다.

　사람들은 내려갈 준비가 되어 있지 않다. 누구나 올라가는 법만 배우고 경쟁에서 이기는 방법만을 배웠을 뿐 떨어졌을 때 어떻게 해야 하는지에 대해서는 배운 적이 없다. 무한 경쟁 시대를 살아가면서 나 자신을 잘 파악하고 돌아볼 줄 알며 자신을 극복하는 것만이 진정 행복하게 사는 것이 아닐까?

　무기력하게 부정적인 시선과 나태한 태도로 내 삶을 흘려보내기보단 긍정적으로 생각하며 스트레스를 받지 않는 방법을 스스로 깨치고 터득해 삶의 주인이 되어보자.

　사람들은 부나 권력 등을 가졌을 때 그것이 영원할 거라고 생각하고, 평생 지금처럼 행복할 수 있을 거라고 생각한다. 그게 무엇이든 가지고 있을 때는 귀하게 여기지 않는다. 그러한 당연함과 안일함이 나태함을 부르고, 계속될 것만 같은 자만이 소중한 것을 잃게 만드는 오류를 범하게 한다.

　세상에 영원한 것은 없기에 낙관주의자와 같은 태도가 더욱 필요하다. 원하는 것을 다 이루지 못하더라도 흔들리지 않고 마음을 지킬 줄 알아야 한다. 낙관주의자는 늘 난관 속에서도 기회를 찾는다는 것을 잊지 말자. 내 삶을 지키기 위해서는 스스로 어려움을 극복하는 힘, 내 마음의 중심을 잡는 것이 중요하다.

이제 낙관주의를 유지하며 긍정적인 마음의 에너지로 스트레스에 맞서고, 자신만의 방식으로 어려움을 극복하는 데 도움이 될 10가지 방법을 알아보자.

첫째, 매일 감사한 것을 적는다.

둘째, 부정적인 생각이 들 때마다 긍정적인 대안을 찾아본다. 이것은 낙관적인 마인드셋을 강화하는 데 도움이 된다.

셋째, 매일 일정 시간을 정해두고 명상을 실천한다. 이는 마음의 중심을 잡고 스트레스를 줄이는 데 효과적이다.

넷째, 달성한 작은 목표나 성공을 인정한다. 이것은 자신감을 키우고 긍정적인 태도를 유지하는 데 도움이 된다.

다섯째, 상황이 계획대로 흘러가지 않을 때 크게 당황하거나 스트레스를 받기보다는 여유로운 마음으로 유연하게 대처하기 위해 노력한다.

여섯째, 건강을 적극적으로 관리한다. 규칙적인 운동과 건강한 식습관은 신체적·정신적 건강을 증진하고 스트레스를 줄이는 데 도움이 된다.

일곱째, 자기계발에 투자한다. 새로운 취미나 기술을 배우는 것은 자기만족과 긍정적인 에너지를 제공한다.

여덟째, SNS를 활용한다. 친구나 가족과 정기적으로 소통하며 감정을 공유한다. 이것은 정서적 지지를 받는 데 중요하다.

아홉째, 스트레스 관리 기술을 익힌다. 깊은 호흡, 이완 기술, 긍정적인 자기 대화 등 스트레스 관리 방법을 배우고 실천해보자.

열째, 타인에 대한 긍정적인 태도를 취한다. 타인을 도우며 긍정적인 에너지를 나누는 것은 자신에게도 긍정적인 영향을 미친다.

이러한 방법들은 난관 속에서도 기회를 찾고, 자신의 삶을 자신답게 지키며, 마음의 중심을 잡고 긍정적인 에너지로 살아가는 데 도움이 될 것이다.

12

나만을 위한 시간을 만들자

누군가는 자기 실력을 키우는 것보다 많은 사람들과 밥 먹은 횟수를 통해 더 성공할 수 있다고 믿는다. 상대와 정을 쌓고 인연을 만들어 인맥을 넓히면 더 많은 기회가 올 것이라고 생각하는 것이다.

나 역시 처음으로 목표가 생겼을 때는 정신없이 일에 매달리고 그 와중에 많은 인맥을 만들려고 노력했다. 그래야 성공하는 줄 알았기 때문이다. 각종 세미나, 포럼, 조찬모임, 클럽 등등 유명한 사람들이 모이거나 유익함을 줄 수 있는 곳이라고 판단하면 시간을 쪼개서 전국 어디든 찾아가서 좋은 인맥을 맺기 위해 애썼다. 그때 명함을 주고받았던 사람들 중에 좋은 인연이 되어 지금까지 연락하며 지내는 사람이 그리 많지는 않은 것을 보면 쓴웃음이 나온다.

그 시절의 나는 남들에게 어떻게 비칠지를 먼저 신경 썼고, '저 사람들은 이런 모습을 원할 거야.'라고 지레짐작하며 그 틀에 나를 맞춰나갔다. 너무 바쁜 일상을 살다 보니 진짜 내가 무엇을 원하는지 무엇을 좋아하는지 따위는 생각하지 않고 오로지 해야만 하는 일에 둘러싸여 "바쁘다 바빠."를 연발하고 있었다.

자신만의 시간을 갖는다는 것은 사실 쉽지 않다. 자주 만나던 사람들과 연락이 뜸해지면 인연이 끊어질 것 같고, 타인보다 나를 먼저 생각하는 게 이기적이라고 생각할 수도 있다. 하지만 나만의 시간을 갖지 않으면 나중에 치러야 할 비용이 크다.

단순하게 말해서, 하루 24시간 중에 나를 최우선 순위에 둘 수 있는 시간을 잠깐이라도 확보해라. 그 시간을 통해 내가 무엇을 좋아하는지 알아차리게 되고 무엇인가 꼭 해야만 한다는 압박에서도 벗어날 수 있는 여유로운 마음이 생길 것이다.

누군가 나를 힘들게 하는 사람이 있어 고통스러운가? 사람들과 소통이 안 돼 갈등과 오해가 쌓이는가? 내가 원하는 삶이 아니라 타인에게 끌려가는 삶을 살고 있는가? 여기에서 벗어나는 방법은 한 가지밖에 없다. 잠시 단절하는 삶을 선택하자. 외롭기 싫어서 사람들 속에 있기를 선택했지만 오히려 즐거움보다 관계로 인한 고통이 더 많이 찾아오기도 할 것이다.

마음이 허전하다고 자꾸 사람에게 기대면 상처만 받게 된다. 나만을 위한 시간은 그런 상처나 관계의 혼돈에서 나를 지켜주고 자신을 우선순위에 둘 수 있는 시간이다.

무조건 많은 사람으로부터 인정받을 필요는 없다. 쉬지 않고 달리는 것만이 목적지에 일찍 도착하게 만들어주지 않는다는 것을 기억하자. 무리하며 달리다가는 넘어질 수 있고 넘어지고 다쳤을 때 스스로 다독이고 일어설 수 있는 힘이 남아 있지 않을지 모른다.

잠시 멈춰서 나만의 시간을 가져보자. 그렇게 멈춰 있을 때 오히려 좋은 관계가 만들어질 수도 있다. 남의 속도에 맞춰 뛰어가지 말아라. 내 속도에 맞게 걸어도 괜찮다. 내 속도로 집중하다 보면 나는 타인과는 비교도 할 수 없는 멋진 사람이라는 자신감이 생길 것이다. 삶에서 인간관계의 비중은 굉장히 높지만, 그 외에도 우리의 삶에 동력을 주는 것은 여러 가지 있다. 내가 지금 혼자 있다는 건 정신없이 바쁘게 돌아가는 일상에서 무의식중에 놓친 것들을 알게 해주고 나에게 진짜 중요한 것이 무엇인지에 대한 고민에 답해주는 소중한 기회라고 생각해보자.

13

수많은 감정이 휘몰아치는 날

감정의 소용돌이에는 여러 가지 원인이 있겠지만, 대부분 나고 자란 환경 안에 주된 원인이 존재하기에 나의 옛날이야기로 들어가본다.

아빠와 엄마의 나이 차이는 20살. 동네 과수원 부잣집 딸이었던 엄마는 동사무소에 갔다가 동네의 동장이었던 멋진 아빠에게 반해 매일같이 아빠 얼굴을 보러 가는 적극적인 분이셨다. 당시 사별해서 아들 넷을 혼자 어렵게 키우고 있던 아빠에게 동네 꼬마 녀석쯤으로 생각했던 엄마의 사랑과 정성은 차츰 아빠의 마음을 열었고 그렇게 운명적인 인연으로 서로의 동반자가 되었다.

부잣집 딸이었던 엄마는 외할아버지의 격노로 곧 집에서 쫓겨났다고 한다. 가난한 남편과 결혼해 자신과 나이 차이도 별로 나지 않는 아들들을 챙기고 살림을 도맡아 해야 하는 힘든 삶이 시작되었다. 나의 어린 시절은 매사 적극적이고 잘 챙겨주시는 엄마와 큰딸 얘기라면 뭐든 다 해주시려는 아빠 덕분에 부족함이 없었다.

세월이 흘러 든든한 버팀목이었던 아빠에게 치매가 왔다. 나는 아빠를 요양원으로 모시자고 했지만 보건직 공무원이었던 엄마는 아빠를 직접 모시기 위해 요양간호사 자격증까지 따셨다. 아빠 역시 자존심이 몹시 강하셔서 "내가 왜 그런 데 가니?" 하며 버럭 화를 내셨다. 그렇게 아빠는 집에서 간호를 받으셨다. 병원으로 모시자고는 했지만 나도 그 편이 마음이 좋았다. 그런데 어느 날 엄마가 치매 걸린 아빠가 무섭다고 병원으로 모시자는 말을 꺼내셨다.

"아내가 버젓이 있는데 집에서 아빠를 따뜻이 뒷바라지해 드려야지. 왜 다른 데로 모셔? 빨리 죽으라는 얘기야?"

괜히 서운하고 울컥 화가 나서 절대 안 된다며 반대했다. 며칠 후, 다시 엄마에게 전화가 왔다. 아빠가 너무 무섭다고 빨리 와달라는 다급한 목소리였다. 서둘러 들어간 집 안에서 마주친 아빠의 눈빛은 참 낯설었다. 늘 다정하고 따뜻했던 아빠가 아닌 전혀 생각지도 못한 눈빛의 아빠가 뭔지 모를 분노로 가득 차서 나를 노려보고 있었다. '아. 이런 거였구나. 그래서 엄마가 그랬구나…'라는 공감은 나를 너무 슬프게 만들었다. 그리고 그렇게 자존심이 셌던 아빠를 내가 병원으로 모셨다.

요양원에 함께 있는 사람들 속에서 자신은 그래도 거뜬하다고 큰소리 내시던 아빠가 날이 갈수록 야위셨다. 그리고 하나둘 잊어버리셨다. 그렇게 몇 년의 시간이 흘렀다. 돌아가실 때가 되면 정을 떼려고 그런다는 말처럼 아빠는 가족 모두를 힘들고 지치게 만드셨다. 나 또한 매일 면회를 갔다가, 이틀에 한 번, 삼일에 한 번씩 가게 되고, 사랑은 의무감으로 변해갔다. 아빠의 존재가 무거운 짐처럼 느껴질 때마다 사는 게 참 서글퍼졌다.

손발이 차가우셨던 아빠의 휠체어 밖으로 드러난 발이 추워 보여 한 번도 만들어본 적이 없던 분홍색 털신을 만들어 드리고, 아무것도 못 드시는 아빠의 마른 입가와 혀에 자주 드시던 포카리스웨트를 병뚜껑에 덜어 입으로 조금씩 넣어 드리고, 앙상한 손발을 주물러 드리는 것과 "아빠, 큰딸 왔어요. 이대로도 좋으니 오래 제 곁에 계셔주세요."라는 말밖에 내가 할 수 있는 것은 더는 없었다. 1월 어느 날 생일을 핑계

삼아 제주도에 갔는데 새벽잠이 깨 전화기를 보니 엄청나게 많은 부재중 전화가 와 있었다. 전화기를 무음으로 해놓은 탓에 연락을 놓쳤다는 죄책감이 밀려들고 심장이 덜컥 내려앉고 숨이 멎는 듯했다.

아버지가 너무 위독하시다고 그 밤을 못 넘기실 것 같다는 소리가 수화기 너머 들려왔다. 미칠 것 같았다. '아빠 안 돼. 진짜 안 돼. 지금 당장 갈 수도 없는데…. 아빠 제발 안 돼.' 그동안 몇 번의 고비가 있었지만 잘 회복하셨고 그러다 보니 점점 무신경해져 이런저런 핑계를 대며 면회 가는 횟수가 줄어들고 있을 무렵이어서 나는 죄책감에 미칠 것 같았다. 그렇게 아빠의 임종을 나는 보지 못했다. 누구보다도 날 믿어주셨던 분, 가장 사랑하고 의지했던 아빠가 돌아가셨다. 난살 수 없을 것 같았다. 그런데 장례식장에서 밥도 잘 먹고 별로 울지도 않고 생각처럼 죽지도 않고 여태 잘살고 있으니 참 이상한 일이라고 생각했다.

아빠가 돌아가시고 100일이 안 된 어느 날이었다. 신호 대기중이었는데 건널목 너머에 파지가 가득 쌓인 손수레를 끌고 가는 어르신이 보였다. 폭염이 기승을 부리던 날이었던 터라 괜한 걱정에 차를 세우고 쫓아가 "할아버지, 힘드시지요? 이걸로 맛있는 거 사드세요." 하며 돈 만 원을 손에 쥐여드렸다. 어르신은 눈을 맞추고 빠진 이를 드러내시면서 맑게

웃으셨다. "고마워요." 어르신의 그다음 말이 무엇이었는지 생각이 나질 않는다.

갑자기 돌아서는데 눈물이 폭포수처럼 쏟아져 내렸다. 어르신의 눈빛이 돌아가시기 얼마 전 아빠의 눈빛과 닮았다. 회색빛의 뿌연…. 그동안 내 눈물샘이 막혀 있었던 걸까? 나는 그 자리에 앉아 엉엉 울어버렸다. 아빠를 부르면서. 더 많이 더 자주 곁에 있어 드리지 못해 죄송한 마음뿐이었다. 돌이켜보니 내가 아빠를 잊은 것이 아니었다.

미친 듯이 뭔가 힘든 일을 하면서 몸을 혹사하며 주변 사람들에게 "일 좀 그만하고 쉬어."라는 말을 들으면서도 아빠에 대한 기억을 지우려 애쓰고 있었다는 것을, 나만 모르고 있었다. 그 빈자리가 나에겐 너무나 컸다. 그래서인지 나는 아주 독립적인 사람임에도 불구하고 무조건적인 지지를 받을 수 있는 아빠 같은 누군가에게 의지하고 싶은 마음이 가끔 생기는지도 모르겠다. 그래서 지금 독거 어르신들을 돕는 비영리 단체 '터무니'를 만들고 그 일을 하고 있는 것 같기도 하다. 여기까지가 인생에서 내가 가장 가슴 아프게 기억하고 있는 부분이다.

열심히 달려가다가도 가끔 수많은 감정이 휘몰아치는 날이 있다. 왜 열심히 사는지 그 끝에 확신이 없는 그런 날에는 잠시 멈춰서 쉬어가라고 어깨를 내주는 마음 따스한 이가 있으면 좋겠다.

인생이라는 바다를 항해하면서, 우리는 끊임없이 변화하는 감정의 파도를 마주한다. 스스로 뭐 하고 있는지조차 종종 잊어버리고 있는 것처럼 느껴진다면, 여러분에게 잠시 멈추어 서도 좋다는 메시지를 전한다. 이럴 때 우리의 감정과 마음을 돌보는 것이 왜 중요할까? 그리고 그 과정에서 얻을 수 있는 것은 무엇일까?

삶이라는 여정은 때때로 끝없는 도전과 기쁨의 소용돌이와 같다. 40대를 넘어선 대부분의 사람들은 삶의 많은 경험을 통해 쌓인 감정적 짐을 지고 있다. 가족을 돌보고, 경력을 유지하며, 동시에 자신의 건강과 복지에 신경 써야 하는 복잡한 시기다. 경력의 변화와 은퇴에 대한 고민 때문에 이직이나 창업을 고민하기도 하고 자녀가 성인이 되면서 이전에는 생각하지도 못했던 새로운 것들을 고민하게 되기도 한다. 이 변화들은 감정적으로 우리를 소진시킬 수 있으며, 때로는 우리가 누구인지, 우리의 가치와 목표가 무엇인지에 대해 다시 생각하게 만든다.

흔히 얘기하는 스트레스나 불안, 그리고 우울은 이 시기에 자주 경험되는 감정이지만 삶을 더욱 풍부하게 만드는 데 필수적인 요소이기도 하다. 이러한 감정들을 인정하고 이해하는 것은 자기 발전과 자아실현을 위한 중요한 첫걸음이 될 수 있다. 지금 모든 감정적 도전을 마주하고 있다면, 잠시 멈추어 서는 것도 필요하다. 잠시 멈추어 서서 자신을 돌아보는 시간은 우리에게 귀중한 선물이며, 내면의 평화와 자기이해를 찾는 데 꼭 필요하다. 멈춤을 통해 우리는 자신을 돌아보고, 자신의 감정을 이해하며, 필요한 경우 삶의 방향을 재조정할 수 있다.

그렇다면 멈춤을 통해 만들 수 있는 마음의 평화를 위한 일상 속 전략을 알아보자.

1. 명상 또는 마음챙김 연습하기
이러한 실천은 우리의 마음을 진정시키고, 스트레스를 감소시키며, 현재 순간에 집중할 수 있도록 도와준다. 단 몇 분간의 호흡에 집중하는 것만으로도 큰 차이를 만들 수 있다.

2. 자연과의 교감
야외에서 시간을 보내는 것은 정신 건강에 긍정적인 영향을 미친다. 정원 가꾸기, 산책, 또는 단순히 야외에서 책을 읽는 것 등 자연 속에서의 활동은 마음의 평온을 찾는 데 도움이 된다.

3. 창의적인 취미 찾기

그림 그리기, 글쓰기, 요리하기와 같은 창의적인 활동은 스트레스 해소에 효과적이며, 우리에게 새로운 표현 방식을 제공한다.

4. 사회적 관계 유지

가족, 친구와의 시간을 보내는 것은 우리에게 중요한 지지 체계를 제공한다. 정기적인 대화와 교류는 우리의 감정적 안정성을 유지하는 데 중요하다.

각자의 속도로 가는 삶의 소용돌이 속에서 잠시 멈춰 서는 것은 쉽게 할 수 없는 용기 있는 행동이다. 하지만 이러한 멈춤은 우리에게 자신을 돌아보고, 감정을 인식하며, 삶의 균형을 찾게 만들어주는 기회가 될 수 있다. 내가 경험하는 모든 감정은 삶의 귀중한 부분이며, 그것들을 통해 우리는 끊임없이 성장하고 발전한다. 내가 멈춰 설 수밖에 없을 것같이 느껴진다면 내 감정과 삶을 가치 있게 만드는 시간을 갖게 되었다고 기뻐해보자. 멈춤은 우리에게 더 큰 목적과 방향을 제시하며, 삶을 더욱 의미 있고 만족스럽게 만들 것이다.

14

내가 원하는 것을 나도 모를 때

세상은 나에게 꿈을 가지라고 말하고 그 꿈을 이루며 살라고 한다. 사람의 생김새가 서로 다르듯 꿈의 모습은 다양하지만, 그 꿈에는 그 사람의 모든 것이 다 들어 있다. 누군가 나에게 꿈이 뭐냐고 물어보면 "다른 사람에게 나처럼 되고 싶은 삶을 꿈꾸게 하고 싶다. 가치 있고 인정받는 존재가 되고 싶다."고 말하곤 했다. 나는 인정받는 삶을 추구하며 살아왔던 것 같다.

다른 사람의 눈에 비친 나의 모습이 어떤지가 중요하고 남들이 나에 대해 어떻게 말하는지가 중요하던 시절, 나는 가끔 내가 진정 원하는 삶이 어떤 것인지도 모르는 채 한꺼번에 여러 가지 일을 하면서 시간을 보내야만 "오늘도 참 열심히 잘 살았다."라고 하며 스스로 만족하고 안심했다.

인생의 뒤안길에서 참 많은 생각을 한다. 사람들은 일생 동안 어떠한 소망과 더불어 자신의 인생을 변화시키고 싶다는 욕구를 가슴에 품고 살아간다고 한다. 그런 소망을 자신이 만족할 수 있는 형태로 실현하기가 거의 불가능하다는 사실에 많은 사람들이 공감하는 이유는 그만큼 인생을 변화시키기가 어렵다는 뜻일 것이다. 자신이 어떤 소망이 있어도 우리는 무의식중에 그와는 상반된 반응을 하기가 쉽다. 간절히 원할수록 잘되지 않을 것 같은 두려움에, 불안감에 떠는 것이다.

자유란 우선 '나 자신으로부터의 자유'라는 말이 있다. 자신을 스스로 높이고 항상 새로운 자신을 만들어내고자 하는 긍정적인 생각이 있는 사람은 진정한 의미의 자유를 알고 용기를 가지고 그것을 누리며 살아간다. 그러나 불안감에 떨며 자신이 만들어낸 두려움 속에 스스로 갇혀 사는 그것이야말로 인생을 정체시키고 실패하게 만드는 원인이라 할 수 있다.

진정한 자신을 깨닫고 자신을 스스로 믿고 용기 있게 삶을 향해, 세상을 향해 도전하는 자만이 소망을 실현할 수 있다.

인생에서의 행운과 불행은 우리의 의지로 움직일 수 있는 것이다. 그러나 인간은 자신이 경험한 과거로부터의 유추로 사물을 판단해버리고 고정관념으로 세상을 바라보며 희망의 불씨조차 얻지 못한 채 부정적인 고정관념이 그의 인생의 방향을 결정지어버린다. 눈앞에 커다란 행운이 놓였더라도 그것을 제대로 발견할 수 있는 시야를 갖추지 못하고 내 것으로 만들 만한 용기가 없는 사람이라면 행복한 세상을 살 만한 기본 자격조차도 갖추고 있지 못한 사람인 것이다.

　그렇다면 지금 자신이 마음속으로 무엇을 원하고 있는지 찾아보자. 진정으로 원하는 것이 무엇인지 알아내는 것은 쉽지 않은 과정이지만, 다음과 같은 방법들을 통해 자신의 진정한 욕구와 목표를 탐색할 수 있다.

1. 어떤 일을 할 때 가장 행복했었는지, 어떤 순간들이 가장 기억에 남는지 조용한 시간을 가지고 자신의 과거를 되돌아보며 어떤 활동이나 경험이 가장 만족스러웠는지 생각해본다.

2. 일기를 통해 자신의 생각과 감정의 패턴을 파악하고, 무엇이 자신을 행복하게 혹은 불편하게 하는지 매일의 생각과 감정, 경험을 일기에 기록한다.

3. 어떤 일을 할 때 가장 열정적이고 에너지가 넘치는지, 반대로 어떤 일로 인해 스트레스를 받는지 자신의 활동이나 경험에 대한 자기감정을 들여다본다.

4. 자신의 핵심 가치관과 우선순위가 무엇인지 생각해보고, 현재의 생활이나 결정에 어떻게 반영되고 있는지 분석해본다.

5. 장기적인 꿈과 단기적인 목표를 설정하고 그것들이 실제로 자신의 진정한 욕구와 일치하는지 고민해본다.

6. 친구, 가족, 멘토에게 피드백을 요청해본다. 그들이 자신을 어떻게 보고 있는지, 그리고 그들의 관점에서 본 자신의 강점과 약점은 무엇인지 알아본다.

7. 새로운 취미나 활동에 참여한다. 다양한 경험을 통해 자신이 진정으로 좋아하는 것을 발견할 수 있다.

8. 다양한 목표를 설정하고 달성해나가는 과정을 관찰한다. 이 과정에서 어떤 부분이 가장 도전적이었는지, 어

떤 부분에서 가장 만족감을 느꼈는지 분석해본다.

9. 규칙적인 명상을 통해 내면의 목소리에 귀 기울여본다. 자신의 직관과 본능이 무엇을 말해주는지 주의 깊게 들어본다.

10. 위 항목들이 잘 되지 않는다면 때로는 심리상담사나 코치와 같은 전문가의 도움을 받는 것도 유용한데, 자신의 감정과 욕구를 파악하고 이해하는 데 도움을 줄 수 있다.

2장

유연하고 자립적인

인간관계 만들기

· · ·

01

아니다 싶은 관계를 끝내는 법

아닌 줄 알면서 끌려가는 관계를 유지하는 중이라면 스스로를 불쌍히 여겨라! 이 책을 읽고 나면 당신은 이제 그런 너저분한 관계에 얽일 일도 없고 자존감이 뭔지 모르는 사람처럼 느껴지는 자신에게 화가 날일도 없을 것이다.

때로는 이유 없이 누군가 나를 싫어한다면 어쩌겠는가? 그가 당신이 속한 조직에 큰 영향력을 행사하는 사람이라면 말이다. 과거의 나는 많은 사람들이 날 좋아하고 내 편이 되어주길 원했다. 그리고 그 마음만큼 순수하고 솔직하게 최선을 다하려고 애썼다. 하지만 사람들의 마음은 내 뜻대로 움직이지 않았다.

　조직에서 나를 미워하는 세 사람이 모여 "쟤는 우리 조직에 맞지 않아. 이상한 사람이야."라고 분위기를 조성하면 금세 적합하지 않은 무능한 사람으로 전락해버린다. 마치 큰 잘못이라도 저지른 듯 사회의 부적응자로 몰아 스스로 자신을 학대하고 초라하게 만들어버린다. 더 이상 살아날 자존감조차 남아 있지 않게 하려는 듯 자존감의 싹을 베고 자기애의 뿌리를 뽑아버린다.

　혹시 지금 그런 사람들 사이에서 살아남기 위해 굽신거리고 있는가? 당신이 자신 없이 꿈틀대기만 한다면 더 처참하게 밟힐 것이다. 자신이 부정적인 일을 행하거나 지탄받을 일을 하지 않았음에도 당신을 모략하고 바닥으로 떨어지게 미는 사람이 있다면 그 사람을 꽉 움켜잡아라. 절대로 놓지 말고 당신이 밑바닥까지 떨어진다면 그곳까지 끌고 내려갈 수 있도록 버텨라. 두렵다고 피하지 마라. 움켜잡고 놓지 않는 것만으로도 충분하다.

　이유 없이 잘 알지도 못하면서 나를 싫어하거나 험담한다면 변명하거나 이해하려 애쓸 필요가 없다. 날 좋아하고 믿어주는 사람들과 함께하기에도 모자란 시간 속에 살고 있으니 못되게 구는 사람에겐 나도 진짜 못된 사람처럼 대하면 그뿐이다.

그렇다면 지금부터 아니다 싶은 관계를 끝내지 못하고 유지하고 있는 이유와 그런 관계를 정리할 수 있는 방법을 알아보자.

아니다 싶은 관계를 유지하고 있는 이유는 이렇다.

1. 정서적 의존
상대에게 정서적으로 의존하고 있어 관계를 끝낼 용기가 없다. 관계를 끝내는 것이 두려워 감정적으로 의존하는 습관을 버리지 못한다.

2. 두려움과 불확실성
이별 이후의 불확실함을 두려워하며 새로운 시작을 망설인다. 새로운 인연을 찾거나 홀로 지내는 것에 대한 불안감 때문에 관계를 지속한다.

3. 습관과 안정감
오랜 시간 함께한 습관과 편안함에 젖어 있다. 새로운 것을 시작하는 것보다 현재의 익숙함에 머물러 있는 것이 더 쉽다.

4. 기대감과 희망

상대가 변하거나 관계가 나아질 거라는 기대를 가진다. 스스로도 잘못된 기대임을 알지만 희망을 버리지 못한다.

5. 주변의 시선과 압박

가족이나 친구, 주변 사람들의 시선을 의식한다. 주변에서 이상적으로 생각하는 관계를 유지하고자 애쓰느라 압박을 받는다.

6. 경제적 이유

경제적으로 의존하거나 함께 생활하는 비용 때문에 관계를 유지한다. 독립하기 어려운 재정적 상황이거나 상대방의 지원이 필요한 경우다.

7. 상대방에 대한 동정심

상대방을 동정하거나 죄책감을 느껴 이별을 망설인다. 관계를 끝내는 것이 상대방을 상처 입힐 것이라는 생각에 주저한다.

8. 투자한 시간과 노력

오랜 시간과 많은 노력을 투자했기 때문에 관계를 포기하기 어렵다. 이미 투자한 것에 대한 미련 때문에 관계를 지속한다.

9. 자존감과 자기평가

스스로 낮은 자존감 때문에 상대방을 놓치면 안 된다고 생각한다. 본인의 가치를 제대로 평가하지 못하고 관계를 유지한다.

10. 대체 관계의 부재

대체할 관계가 없어서 현재의 관계를 유지한다. 대안이 없다는 생각에 현재의 관계에 집착한다.

아니다 싶은 관계를 정리하는 방법은 이렇다.

1. 현실 인식하기

관계의 문제점과 부정적인 영향을 객관적으로 인식한다. 감정에 치우치지 않고 현 상황을 냉정하게 파악한다.

2. 자기 존중감 회복

자기 자신을 사랑하고 존중하는 법을 배운다. 자존감을 회복하면 더 건강한 결정을 내릴 수 있다.

3. 전문적인 도움 받기

심리상담이나 커플 치료 등 전문가의 도움을 구한다. 전문가는 관계의 본질을 객관적으로 분석하고 조언을 제공한다.

4. 확고한 목표 설정

관계를 끝내는 분명한 이유와 목표를 설정한다. 이별을 위한 동기부여가 되며, 확고한 의지를 가질 수 있다.

5. 대화의 장 마련

상대방과 솔직한 대화를 통해 이별의 필요성을 공유한다. 서로의 입장을 이해하며 감정적으로 상처를 최소화할 수 있다.

6. 현실적인 준비

이별 후의 현실적인 문제에 대비해 준비한다. 경제적 독립, 주거 계획, 심리적 준비 등을 미리 계획한다.

7. 주변에 도움 요청

신뢰할 수 있는 가족, 친구에게 도움을 요청한다. 혼자가 아닌 지인들과 함께 이별의 과정을 극복한다.

8. 새로운 관계 탐색

취미 활동을 통해 새로운 친구나 인연을 찾는다. 건강하고 긍정적인 새로운 관계를 형성할 기회를 모색한다.

9. 거리 두기

이별 이후 상대방과의 연락을 최소화하고 물리적 거리를 둔다. 거리를 두면 감정적 의존도를 줄일 수 있다.

10. 자기계발과 성장

자신을 위한 활동에 집중하며 새로운 스킬을 배우고 성장한다. 자신을 가꾸고 성장하는 과정에서 더 나은 미래를 그릴 수 있다.

아니다 싶은 관계는 내가 먼저 끝낼 줄 알아야 한다. 귀한 존재인 나를 함부로 취급하게 두어서는 안 된다. 지금 당장 나는 어떤 관계를 맺으면서 살아가고 있는지 점검해보자.

02

평판을 신경 쓰느라
자신에게 소홀한 당신에게

성공하길 갈망하는 사람일수록 타인의 평판에 예민할 수밖에 없다. 그러나 그렇게 살다 보면 자신이 하고 싶은 것을 못 할 수도 있고, 나 아닌 다른 사람의 모습으로 계속 가면을 쓴 채 답답하게 살아가야 할 수도 있다. 좋아하는 무언가를 하는 것도 사람을 만나는 것도 다 신경 쓰이고 조심스러운 일이 되어버리니 사는 게 정말 재미없지 않을까? '자리가 사람을 만든다.'라는 말도 '왕관을 쓴 자 그 무게를 견뎌라.'라는 말도 다 남의 시선을 받고 평가대상이 된다는 것이 절대 쉽지 않은 일임을 대변하고 있다.

그렇다면 남들의 평판을 신경 쓰며 살아가는 원인은 무엇일까? 많은 사람이 공통적으로 경험하는 문제인데 이러한 행동의 원인은 여러 가지가 있으며, 이는 개인적·사회적·심리적 요인에 의해 복합적으로 형성된다.

첫째, 사회는 각 개인에게 특정한 행동 규범과 기대를 부여하는데, 이러한 규범과 기대는 우리가 어릴 때부터 가정, 학교, 직장 등 다양한 사회적 환경에서 학습하게 된다. 이러한 사회적 규범에 부합하지 않으면 비판을 받을 수 있기 때문에, 우리는 자연스럽게 타인의 시선을 의식하게 된다.

둘째, 인간은 본능적으로 사회적 존재이며, 다른 사람들과의 연결과 소속감을 중요시한다. 남들의 평판에 신경 쓰는 것은 집단 내에서 소외되지 않고, 인정받기 위한 하나의 방법인데, 이는 생존 본능과도 관련이 있다.

셋째, 낮은 자존감을 가진 사람들은 자신의 가치를 외부의 평가에 의존하는 경향이 있다. 타인의 긍정적인 평가를 통해 자신이 가치 있는 존재임을 확인받고자 하는 욕구가 강하고, 이는 자신에 대한 불안과 의심을 해소하기 위한 방법이기도 하다.

넷째, 인간은 누구나 인정받고 싶어 한다. 이는 기본적인 심리적 욕구 중 하나로, 타인의 인정과 칭찬을 통해 자신이 중요한 존재임을 느끼고자 하기 때문에 평판에 민감하게 반응하게 된다.

다섯째, 우리는 다른 사람들과 자신을 비교하는 경향이 있다. 이러한 비교는 자신의 위치와 성과를 평가하는 데 중요한 기준이 되지만, 동시에 남들의 평판에 대한 민감성을 높이는 요인으로 작용해서, 비교를 통해 자신의 부족함을 느끼고, 타인의 시선을 더욱 의식하게 된다.

여섯째, 타인의 부정적인 평가에 대한 두려움은 남들의 평판에 신경 쓰는 주요 원인 중 하나인데, 비난이나 거부를 두려워하여 타인의 기대에 맞추려는 경향이 있다. 이는 불안감을 줄이고, 자신을 보호하기 위한 방어 기제로 작용한다.

남들의 평판에 신경 쓰며 살아가는 원인은 이처럼 복합적이다. 사회적 압력과 기대, 개인적인 자존감과 인정 욕구, 그리고 심리적 요인들이 상호작용하며 이러한 행동을 형성하는 것이다. 이를 이해하는 것은 우리 자신을 더 잘 이해하고, 평판에 대한 집착에서 벗어나는 데 중요한 첫걸음이 될 수 있기 때문에 자신을 있는 그대로 받아들이고, 자신의 가치와 목표에 충실한 삶을 살아간다면 우리는 남들의 평판에 휘둘리지 않고 더 행복하고 건강한 삶을 영위할 수 있다.

이처럼 사회적으로 인정의 욕구가 있는 사람들에게 평판은 매우 중요하다. 다른 사람들의 평가 속에서 살며, 그들의 기대에 부응하려고 애쓰기도 한다. 그러나 이러한 노력이 때로는 우리를 지치게 만들고, 스트레스와 불안을 초래한다. 그로 인해 힘들다면 평판에 대한 집착에서 벗어나기 위해 몇 가지 방법을 알아보자.

첫째, 자기 인지 능력을 향상시킨다. 자신의 가치관과 목표를 명확히 하여, 다른 사람들의 기대에 휘둘리지 않고 자신만의 기준을 세우는 것이 중요하다. 이를 통해 자아를 상실하지 않고, 자신감을 유지할 수 있다.

둘째, 자기 자신을 있는 그대로 수용한다. 완벽하지 않은 자신을 받아들이고, 실수를 인정하는 연습이 필요하다. 우리는 모두 완벽하지 않으며, 때로는 기대에 부응하지 못할 수도 있고, 이러한 상황에서도 자신을 긍정적으로 바라보고 수용하는 태도가 중요하다.

셋째, 건강한 경계를 설정한다. 타인의 기대와 요구에 무조건적으로 응하지 않고, 자신의 필요와 욕구를 우선시하는 것이 필요하다. 이는 정신적, 육체적 건강을 지키는 데 큰 도움이 된다.

넷째, 마음챙김과 명상을 실천한다. 현재의 순간에 집중하고, 자신을 있는 그대로 받아들이는 연습을 통해 평판에 대한 불안과 스트레스를 줄일 수 있다. 이는 정신적 평화를 찾는 데 효과적이다.

마지막으로, 진정한 자신을 이해하고 지지해주는 사람들과의 관계를 강화한다. 좋은 유대 관계는 당신이 평판에 대한 집착에서 벗어나 더 나은 삶을 살도록 도와줄 것이다. 진정한 지지를 받을 때 우리는 더 강해지고, 자신의 길을 더욱 확고히 할 수 있다.

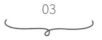

03

부러워하되 비교하지 마라

서울에서 빡빡한 직장생활을 하고 어쩌다 고향에 내려갈 때면 톨게이트 초입에 플라타너스 길을 지나면서부터 집에 왔다는 생각에 안심이 되고 편안해진다. 사람들에 치이고 일하느라 정신없이 바쁜 시간을 뒤로하고 예전에 살던 작은 동네를 돌아보며 조용한 사색에 잠기는 시간은 나에게 마음이 고요해지는 귀한 시간이다. 우리 집이 있던 자리, 꽃을 사랑하는 이웃 할머니가 정성스레 가꾸시던 예쁜 정원 자리, 깊은 우물이 있던 자리, 소를 키우던 마당이 넓은 집이 있던 자리 등을 하나씩 되짚으면서 다니다 보면 아직은 옛날 동네의 흔적과 분위기가 남아 있어서 좋다.

어릴 적 유독 동네에 여자아이보다 남자아이들이 많아서 나는 깡통차기, 딱지치기, 구슬치기 등을 하며 자랐다. 구슬도 잘 치고 제기도 더 많이 차고 깡통도 더 멀리 차버리며 뭐든 열심히 하던 그 시절에는 또래 애들보다 씩씩하고 야무졌다. 그 시절에는 아무 걱정이 없었는데, 지금은 해가 저물수록 어깨가 처진다. 그래서 자꾸 걱정 없이 해맑던 시절의 이곳을 찾는지도 모르겠다.

나이가 들수록 왜 사는 게 힘들다고 느끼는 걸까? 요즘은 과거는커녕 어제의 일도 잘 기억이 나질 않는다. 나이가 들어서 기억력이 감퇴한 탓도 있겠지만 더 나은 미래를 위해 현재 주어진 일만 중요하다고 여기던 성향 때문이기도 할 것이다. 당시 나는 내 일상을 사는 것만으로도 벅차다고 생각했고, 시간이 꽤 흘렀지만 나는 여전히 내 일상을 사는 것이 벅차다.

'이렇게 나이 들어도 괜찮은 걸까?'

각자의 삶에는 나름대로 크고 작은 힘듦이 있다. 어느 세대든 각자가 힘들다고 느끼는 부분은 다르기에 비교할 수 있는 게 아니다. 온갖 인간들이 모여 사는데 시끄러운 것은 당연하다. 이런 시끄러운 세상 속에서 더욱 큰소리를 내면서 자신의 이야기를 떠벌리는 사람보다는 삶의 만족을 찾고자 묵묵히 전진하는 사람이 아름답다.

점점 사람 간의 정이 없어지고 사람들의 속을 알기 어려운 세상에서 배우고 성장하기 위해선 어떻게 해야 할까? 자신에 대한 존엄성은 타인의 인정이나 칭찬에 의한 것이 아니라 자기 내부의 성숙한 사고와 가치에서 얻어지는 것이다. 자존감이 높은 사람이 되기 위해서는 주체적으로 판단하고 내가 판단한 것들을 하나씩 행동으로 옮기는 것이 중요한데, 그러기 위해서는 나답게 살아가는 것, 그것보다 확실한 방법은 없다.

우리가 타인의 삶을 곁눈질하며 부러워하는 이유는 무엇일까? 보지 않으면 질투하거나 시기하는 마음도 생기지 않을 텐데 왜 부럽고 짜증이 나면서도 보게 되는 것은 왜일까? 자신을 어떤 틀 속에 가둔다는 것은 그만큼 사고가 자유롭지 못하다는 것이다. 인간은 평생 동안 자신의 열등감을 극복해서 자신에게 보상하는 방향으로 살아간다. 그것이 나쁘기만 한 것은 아니다. 열등감은 보다 나은 존재로 성장하는 데 필요한 에너지로 작용한다. 더 잘하고 싶은 마음, 더 잘살고 싶은 마음 때문에 생기는 감정이기 때문에 혹여 어떤 열등감을 갖고 있다고 해도 풀 죽을 필요가 없다. 그것은 자신이 더 잘 살아내고픈 긍정적인 욕심이 있기 때문이고 그러한 욕심은 오히려 살아가는 데 필요한 것이다.

그렇지만 내가 주로 어떤 부분에서 열등감을 느끼는지에 대해 분석하고 내가 가지고 있는 장점과 강점을 그리고 보완해야 될 부분과 원하는 것을 제대로 살펴볼 수 있어야 한다.

인간은 자신의 위치를 사회적 맥락에서 파악하기 위해 타인과 자신을 비교한다. 이러한 비교와 질투는 타인이 가진 것을 자신도 소유하고자 하는 강한 욕구에서 비롯되며, 이는 감정적 소진과 대인관계의 악화로 이어질 수 있다.

그렇다면 비교의 함정에서 벗어나기 위해 어떻게 해야 할까? 비교를 멈추는 방법은 자신의 내면에 집중하는 것부터 시작된다. 자기 자신의 성취와 진행 상황에 주목하며 자신만의 성공 기준을 설정하고 자기수용을 통해 장점과 단점을 인정하며 긍정적 자아를 구축하는 것이 중요하다. 타인과의 비교를 줄이고 자신의 성장에 집중해보자. 주변 사람들의 성공을 보며 자극을 받고, 그들의 성공 전략을 배우거나 조언을 구하는 등 주변의 성공을 자신의 성장 기회로 활용할 수도 있다.

나는 온몸으로 노력해야 얻어지는데 남들은 거저 생기는 일이 많은 것처럼 느껴져 더 힘들다고 느껴질 때는 부러워하되 질투하지 말고 자신을 타인과 비교하지 말자. 각자의 인생은 고유하며 자신만의 속도와 경로로 진행된다. 타인의 성공을 비교가 아닌 긍정적인 자극으로 삼고 자신의 성장과 발전에 집중함으로써 더욱 풍요로운 인생을 만들어갈 수 있다는 믿음이 필요하다. 이러한 자세는 개인의 정신적 건강을 증진시키고 더욱 만족스러운 삶을 영위하게 할 것이다.

질투와 비교는 인간의 복잡한 감정과 인식에서 비롯되며 여러 심리적 특징과 문제점을 내포하고 있는데, 이러한 행동은 개인의 내면적 불안정과 외부 관계에 많은 영향을 미칠 수 있다. 질투하고 비교하는 사람들의 심리적 특징을 살펴보면 자기 존중감이 낮아서 자신을 지속적으로 다른 사람들과 비교하고 타인이 가진 것, 성취 또는 능력을 자신이 가지지 못한 것으로 여길 수 있다. 이러한 비교는 자신의 가치를 타인의 성공에 의존적으로 만들어 자신감을 하락시키고 자기 이미지를 훼손한다.

감정적으로 불안정하다면 일상적인 스트레스 상황에서도 과민 반응을 보일 수 있는데, 이는 대인관계에서의 갈등을 유발하며 심리적 안정을 해치는 원인이 된다. 질투나 비교를 자주 하는 사람들은 다른 사람의 성공을 부러워하거나 경쟁적으로 여기기 때문에 진정한 의미의 친밀감을 구축하기 어려워 대인관계에서 신뢰 문제를 겪을 수 있다.

지속적인 질투와 비교에서 나타나는 문제점을 살펴보자.

1. 정서적 고통
지속적인 비교와 질투는 자아 손상과 우울, 불안 등 정신
건강 문제를 일으킬 수 있다.

2. 인간관계의 악화
질투와 비교가 계속되면 개인 간의 관계를 손상시켜 친
구, 가족, 동료들과의 관계에서 불필요한 경쟁 의식을 불
러일으키고, 진정한 의사소통과 연대감을 방해한다.

3. 자기 발전의 방해
지속적인 비교와 질투는 자신의 강점과 가능성에 집중하
기보다는 다른 사람의 성과에 집중하게 만들어서 자신의
발전과 성장을 저해하고 장기적으로 자기실현의 기회를
감소시킨다.

　비교와 질투를 하는 원인 분석해보면 자기 존중감 부족과
불안정한 자아감, 완벽을 추구하는 경향, 사회적 압력과 기
대, 소셜 미디어의 영향 등이 있고, 어린 시절부터 경쟁적인
가족 환경에서 성장한 개인은 다른 형제자매와의 비교를 통
해 자신의 가치를 평가받아왔기 때문에 성인이 되어서도 타
인과의 비교를 계속하는 원인이 될 수 있다.

비교와 질투의 원인을 이해하고 인식하는 것은 이러한 감정을 극복하고 건강한 자아감과 대인관계를 구축하는 데 중요한 첫걸음이다. 자신의 심리적·환경적 요인을 파악하여 자기인식을 높이고 감정적으로 건강한 방식으로 이를 관리할 수 있는 전략을 알아보자.

비교를 멈추는 8가지 기술

1. 자기인식 키우기

자신의 강점, 약점, 가치, 그리고 목표를 명확히 이해한다. 자기인식을 향상시키면 외부 비교에 의존하지 않고 내면의 가치에 집중할 수 있다. 자신이 누구인지, 무엇을 중요하게 생각하는지 깊이 성찰한다. 자신만의 독특한 특성과 가치를 이해하면 타인과 비교하는 습관을 줄일 수 있다.

2. 감사 일기 작성

매일 아무리 작은 것이라도 감사한 점을 적는다. 감사 일기는 현재의 삶에 만족하고 긍정적인 관점을 갖는 데 도움을 준다.

3. 목표 설정

자신만의 목표를 설정하고, 이를 달성하기 위한 계획을

세운다. 자신의 진행 상황에 집중하면 타인과의 비교에서 벗어날 수 있다.

4. 소셜 미디어 사용 제한

소셜 미디어는 종종 비현실적인 기준을 제시한다. 가능한 한 소셜 미디어 사용을 줄이거나 휴식 시간을 가짐으로써 비교로 인한 스트레스를 줄일 수 있다.

5. 긍정적인 자기 대화

부정적인 자기 대화를 긍정적인 것으로 바꾼다. 자신에게 격려의 말을 해주고, 자신의 성취를 칭찬하는 습관을 들인다.

6. 마음챙김 연습

마음챙김 명상을 통해 현재에 집중하고 내면의 평화를 찾는다. 현재 순간에 집중하면 과거나 타인과의 비교에서 벗어날 수 있다.

7. 스트레스 관리

정기적인 운동, 취미 활동, 충분한 수면은 스트레스를 관리하고 정신적 건강을 유지하는 데 도움을 준다.

8. 멘토나 전문가와 상담

멘토나 전문가와의 대화를 통해 자기인식을 높이고 개인
적인 문제를 해결할 수 있는 전략을 배운다.

이 기술들을 일상에서 실천하면 자신과 타인을 비교하는
습관에서 벗어나 더 건강하고 행복한 삶을 영위할 수 있을
것이다.

사람들은 모두 시기와 질투의 감정을 느낀다. 이는 매우 자
연스러운 감정인데 심해지면 문제가 된다. 그렇기에 제어하
고 긍정적으로 변환하는 방법을 배우는 것이 중요하다. 다음
은 시기와 질투를 관리하고 극복할 수 있는 10가지 방법이다.

내 마음의 시기와 질투를 없애는 10가지 방법

1. 자기인식 향상

자신의 감정을 이해하고 인정해보자. 왜 질투를 느끼는지,
어떤 상황에서 그러한 감정이 발생하는지 명확히 파악하
는 것이 중요하다.

2. 긍정적인 자기 대화

자신에 대한 부정적인 대화를 긍정적인 것으로 바꿔보자.

자신의 가치와 성취에 집중하며 자기비판을 줄이는 것이 도움이 된다.

3. 감사의 마음가짐
일상에서 작은 것이라도 감사할 수 있는 점을 찾아보자. 감사 일기를 작성하는 것이 도움이 될 수 있다.

4. 목표와 집중
자신만의 목표를 설정하고 그에 집중해보자. 개인의 성장과 발전에 초점을 맞추면 타인과의 비교로 인한 질투를 줄일 수 있다.

5. 소셜 미디어 사용 제한
소셜 미디어는 종종 비현실적인 삶을 보여주어 질투의 원인이 될 수 있다.

6. 감정적 지원 구하기
친구나 가족처럼 나를 지지하고 응원해주는 사람들과 감정을 공유해보자. 또한 심리적 전문가의 도움을 받는 것도 고려해볼 수 있다.

7. 호흡과 이완 기법
스트레스와 긴장을 줄이기 위해 깊은 호흡, 명상, 요가와 같은 이완 기법을 시도해보자.

8. 비교하는 습관 바꾸기
타인과 자신을 비교하는 대신, 과거의 자신과 비교하여 얼마나 성장했는지 평가해보자. 자신의 진보에 집중하는 것이 도움이 된다.

9. 성공을 축하하기
타인의 성공을 진심으로 축하해보자. 이는 긍정적인 감정을 증진시키고 인간관계를 개선하는 데 도움이 된다.

10. 장기적인 관점 유지
일시적인 성공이나 실패에 너무 집착하지 말자. 삶은 장기적인 여정이며, 모든 사람은 자신만의 속도와 경로로 발전한다.

이러한 방법들을 통해 시기와 질투를 건강하게 관리하고, 더욱 풍요롭고 만족스러운 삶을 영위할 수 있다.

04

거절은 누구에게나 어렵다

현대 사회에서 살아가면서 우리는 수많은 부탁과 제안을 받는다. 직장에서의 추가 업무 요청, 불편한 자리의 식사 초대, 심지어 낯선 사람의 작은 부탁까지, 거절해야 할 상황은 언제나 존재한다. 내가 원하지 않거나 들어줄 수 없는 부탁이라면 거절해야 하는데, 이는 사실 누구에게나 부담스러운 말이다. 그런데 유독 거절을 못하고 자신이 무리하는 것을 택해버리는 사람도 많다.

거절하는 것은 단순히 "아니요."라고 말하는 것 이상의 의미를 갖기 때문이다. 인간관계에서의 갈등을 유발할 수 있는 잠재적 요소가 되기도 하며, 때로는 타인의 기대를 저버린다는 죄책감을 불러일으킬 수 있다. 거절로 인해 여태껏 쌓아왔던 관계가 깨질까 걱정하는 것이다.

인간관계에서 거절 능력의 중요성은 상호 존중과 건강한 경계선 설정에 근거한다. 거절을 잘하는 사람은 자신의 욕구와 감정, 시간 및 한계를 존중하며, 이를 통해 스트레스를 관리하고 자존감도 유지한다. 다양한 상황에 처한 자신의 필요를 이해하고 이에 따라 소신껏 행동할 수 있는 능력은 개인의 정신적·감정적 건강을 보호하는 데 중요한 역할을 하기 때문이다.

한편, 거절을 잘하지 못하는 사람들은 종종 타인의 요구나 기대에 자신을 맞추려 하며, 이는 자신의 욕구와 감정을 무시하게 만든다. 이러한 태도는 장기적으로 자존감 하락, 스트레스 증가, 심지어 번아웃을 초래할 수 있다. 자신을 희생하면서까지 타인의 기대에 부응하려는 경향은 건강한 인간관계를 유지하는 데에도 방해가 된다. 관계를 유지하면서 거절하는 것은 쉽지 않은 기술이다. 우리는 때때로 원하지 않은 요청이나 제안을 받을 때가 있는데 이런 상황에서 거절을 잘 표현하는 방법을 알고 있으면 불필요한 갈등을 피하고 관계를 건강하게 유지할 수 있다.

거절은 또한 갈등 해결과 의사소통 기술에도 영향을 미치는데, 거절을 잘하는 사람은 갈등 상황에서 자신의 입장을 명확하게 전달하고 상대방의 입장을 이해하려는 노력을 한다. 자신의 한계를 인식하고 이에 따라 행동하는 것은 자기 인식을 높이고 개인적인 성장을 촉진한다. 또한 거절을 통해 새로운 기회에 집중하고 자신에게 진정으로 중요한 것에 에너지를 투자할 수 있다.

결론적으로 거절 능력은 인간관계에서 중요한 역할을 하는데, 거절을 통해 자신의 한계를 설정하고 자존감을 유지하며 건강한 관계를 구축하고 유지할 수 있다. 자신의 욕구와 감정을 존중하는 것은 오랜 기간 정신적·감정적 건강을 유지하는 데 필수적이다.

인간관계를 잘 유지하면서 거절하는 과정을 살펴보자.

1. 요청 이해하기
상대방의 요청을 정확히 이해하고 자신이 거절해야 하는 이유를 명확히 이해한다.

2. 상황 평가하기
상대방의 요청이 자신의 시간, 능력, 감정 등에 어떤 영향을 미칠지 평가한다.

3. 대안 고려하기

거절할 때는 실행 가능한 대안이 있는지 고려한다. 대안이 있다면 이를 제시할 준비를 한다.

4. 공감적으로 접근하기

거절할 때는 먼저 상대방의 입장을 고려하고 공감을 표현한다. "당신의 요청을 이해하지만…"과 같은 표현을 사용할 수 있다.

5. 단호하고 명확하게 거절하기

거절 의사는 분명하고 직접적으로 전달한다. 불필요한 오해를 피하기 위해 확실하게 거절의 이유를 설명한다.

6. 긍정적 관계 유지하기

거절 후에도 관계가 손상되지 않도록 노력한다. 긍정적인 상호작용을 계속 유지하고, 필요하면 추가적인 설명을 제공한다.

적절한 거절은 갈등을 예방하고 관계를 유지하는 중요한 기술이다. 너무 직선적이고 일방적인 거절보다는 자신감 있게 거절하면서도 상대방과 좋은 관계를 유지할 수 있는 적절한 거절의 방법을 익혀보자. 이러한 연습을 통해 거절하면서도 관계를 유지하는 법을 체계적으로 실행할 수 있다. 이 과정은 개인의 감정과 관계의 질을 모두 보호하는 데 도움이 될 것이다. 이제 관계를 걱정하느라 거절하지 못해 생기는 스트레스 따위는 당신에게 없다.

05

공통분모

인생을 살다 보면 번아웃이나 무기력을 겪는 시기가 온다. 하지만 이 시기는 또한 새로운 관점과 관계를 발전시킬 기회이기도 하다. 번아웃 상태에서는 도움을 요청하는 일이 자연스러워지며, 이는 평소에 잘 표현하지 못했던 자신의 약한 면모를 드러내게 만든다. 이러한 경험은 인간관계를 보다 깊고 진솔하게 만들 수 있는데, 연구에 따르면, 어려운 시기에 타인의 도움을 받는 경험은 그 관계의 신뢰와 유대를 강화하는 데 큰 역할을 한다고 한다.

인간관계에서 공통분모를 찾는 것은 새로운 관계의 시작

점이다. 공통의 관심사, 경험, 가치관을 발견하고 공유함으로써 자연스럽게 소통하고 호감을 느낄 수 있다.

모르는 사람들이 처음 만나서 호감이 생기고 좋아하게 되는 데 여러 가지 이유가 있는데, 호감의 법칙이란 자신이 호감을 느끼고 있는 사람에게는 "Yes."라고 답할 확률이 커진다는 심리이론이다.

이는 나와 비슷한 것을 좋아하고 동감을 표현하는 사람에게 호감을 느끼는 것인데, 동호회 등의 모임에서 사람들이 소속감을 느끼고 정을 나누는 것은 내가 좋아하고 즐기는 것을 함께하고 자주 보는 사람에게 호감을 느낀다는 원리에서 비롯된다. 사회적인 관계 속에서 부족한 것은 배우고, 잘하는 것은 가르쳐주는 사이 호감이 생기는 것이다. 호감의 원칙을 근접성, 유사성, 상보성의 세 가지로 말하곤 한다.

그렇다면 공통분모를 이끌어내는 호감의 세 가지 원칙을 살펴보자.

자신이 갖고 있지 않은 것을 상대방이 갖고 있을 때, 뭔가를 부탁하거나 들어준다거나(상보성), 서로 취향이나 인식의 공통점을 발견한다거나(유사성), 자주 만남을 가져서 익숙한 사람이 되는(근접성) 등 상대의 호감을 사는 방법은 표면상으론 생각보다 여러 가지다.

하지만 이론처럼 사람의 마음을 얻는 일과 얻은 마음을

유지하는 일이 그리 쉽다면 왜 사랑이 상처를 허락하는 일이 되어야 하고, 왜 가장 가깝다고 여겼던 사람에게 가장 큰 상처를 받고 아파해야 하는 일이 생기는 걸까?

공통분모를 찾는 방법으로는 다음 세 가지를 들 수 있다.

첫째, 공통 관심사 발견한다. 사람들은 삶의 다양한 경험을 통해 풍부한 관심사를 가지고 있다. 취미, 업무, 지역 커뮤니티 활동 등을 통해 공통의 관심사를 찾는 것이 중요한데, 예를 들어, 같은 취미를 가진 사람들과의 모임에 참여하거나 업무 관련 세미나에 참석하여 동료들과의 관계를 강화할 수 있다. 또한 지역 커뮤니티의 자원봉사 활동에 참여하면서 비슷한 가치관을 공유하는 사람들과 교류할 수도 있다. 이러한 활동들은 공통의 관심사를 발견하고, 이를 통해 더 긴밀한 인간관계를 형성하는 데 도움이 된다.

둘째, 경험과 가치를 공유한다. 삶의 다양한 경험들은 타인과 깊은 연결을 형성하는 데 중요한 역할을 한다. 비슷한 삶의 경험을 공유하거나, 유사한 가치관을 가진 사람들과 대화를 나누는 것은 서로 간의 이해를 증진하고, 강력한 유대감을 형성하는 데 도움이 된다.

셋째, 온라인 커뮤니티를 활용한다. 관련 주제의 온라인 포럼이나 소셜 미디어 그룹에 가입하여 이야기를 나눠본다. 같은 관심사나 경험을 가진 사람들과 소통하며 유대를 형성할 수 있다.

그렇다면 공통분모가 보이지 않는 상황에서 인간관계를 유지하고 만드는 방법에는 어떤 것이 있을까? 일과 관련된 관계와 사적인 관계의 상황에서의 방법을 알아보자.

업무 관계에서 공통분모가 없을 때

· 서로의 강점과 역량 인정

타인의 전문성과 강점을 인정하고 존중하는 태도는 유대감을 강화한다.

· 정기적인 소통과 피드백

정기적인 만남과 피드백을 통해 상황을 공유하고 의견을 나누는 것은 관계를 강화하는 데 중요하다. 이는 상대가 느끼는 어려움이나 고민을 공유하고 해결하는 데 도움이 된다.

· 포용적인 문화 형성

서로 다른 배경과 의견을 존중하는 포용적인 문화를 형성하는 것이 중요하다.

사적인 관계에서 공통분모가 없을 때

· 개방된 대화의 중요성

서로의 관심사, 가치관, 그리고 경험에 대해 열린 마음
으로 대화를 나누는 것이 중요하다. 서로 다른 관점을
이해하고 존중하는 것은 관계를 더욱 깊게 만드는 기반
을 마련한다.

· 새로운 활동 시도

공통된 관심사가 없다면 새로운 취미나 활동을 함께 시
도해본다. 예를 들어, 요리 클래스에 참여하거나 새로운
스포츠를 배워보는 것 등 새로운 공통분모를 찾는 데 도
움이 될 수 있다.

· 서로의 취향과 관심사 존중

상대방의 취향과 관심사에 관심을 기울이고 존중하는
것이 중요하다.

· 서로의 개별성 존중하기

서로 다른 점들을 인정하고 존중하는 것도 중요하다. 모
든 것을 함께할 필요는 없으며, 각자의 개별적인 취향과
관심사를 가질 수 있는 공간을 제공하는 것이 건강한 관

계를 유지하는 데 도움이 된다.

· 긍정적 태도 유지

서로의 다양성이 관계를 더욱 풍부하고 흥미롭게 만들
수 있다는 것을 기억하고, 다름을 받아들이고, 긍정적인
관점에서 관계를 바라보는 것이 중요하다.

결국 인간관계는 공통분모를 발견하고 활용하는 것에서
시작된다. 이러한 노력은 무기력과 번아웃을 극복하고 개인
적 성장과 성공으로 나아가는 길을 열어준다. 서로의 차이를
이해하고 존중함으로써 우리는 더욱 풍부하고 의미 있는 관
계를 구축할 수 있다.

사람과의 만남에서 찾아야 하는 공통분모의 중요성에 대
해 얘기했지만 서로 다른 분자와 분모를 갖고 있다고 해도
이를 이해해보려는 마음을 가져보자. 조금 떨어져 관계를 볼
수 있는 마음의 거리와 스스로 찾고 느낄 수 있는 행복감이
야말로 상대방에게 맞추려고 애쓰다 결국 지쳐 포기하고 마
는 인간관계에서 벗어나게 해주는 활력소가 될 테니 말이다.

06

나만의 아름다움을 찾는 법

"눈길을 사로잡아야 마음도 사로잡을 수 있다."

첫인상에서 호감을 얻어야만 인연의 기회를 잡을 수 있다는 강박에 사로잡혀 누군가에게 잘 보이기 위해 겉모습에 치중하면 내면의 가치는 약해진다. 살다 보면 다시 만나고 싶다거나 함께 있으면 기분이 좋아지는 사람이 있는데, 그런 사람들을 가만히 보면 말투, 눈빛, 향기 같은 이런 여러 요소가 자신도 모르는 사이에 그 사람에게 매료되게 만든다.

대상에 대해 사람이 느낄 수 있는 감각은 오감으로 인지되는데 시각은 눈으로 보는 타인의 외형적인 부분에 인지를 담당하고, 청각은 목소리의 고저와 강약에 따라, 후각은 상대방이 어떤 냄새를 풍기는지에 따라 내가 좋아하는 냄새, 싫어하는 냄새, 처음 맡아보는 냄새, 익숙한 냄새 등으로 구분된다. 미각을 혀를 통해 느껴지는 감각인데 좋아하는 맛, 싫어하는 맛으로 구분되고 촉각은 손이나 몸이 닿았을 때 느껴지는 부드러움과 딱딱한 정도와 따뜻하거나 차갑거나 하는 식으로 구분된다.

이 밖에도 사람을 매료시키는 힘엔 다음과 같은 세 가지 요소가 있다.

첫째, 내면에서 흘러나오는 아우라
둘째, 자신감 있는 스타일
셋째, 말투나 제스처의 적절한 활용

우리가 사는 사회에서 성공하기 위해서는 누구나 인정할 수밖에 없는 진정한 아름다움이 있어야 하는데 나는 아름다움을 크게 '타고난 아름다움'과 '성취하는 아름다움'으로 나눈다. 인간은 젊었을 때는 꾸미지 않아도 아름답다. 청년기에는 갖고 있는 젊음과 생기 있는 에너지만으로도 치장하지 않아도 눈부신 아름다움이 있다.

30세 이후부터는 누구나 타고난 아름다움이 소멸하는 시기이기 때문에 자신이 원하는 이미지로 만들어가기 위해 얼마나 긍정적으로 노력하고 이뤄가느냐가 중요하다. 어떤 사람은 얼굴에 주름살이 늘고 탄력이 없어지는 것을 느끼면서 불안해한다. 한탄하며 자기비하로 사는 사람이 있는 한편 타고난 아름다움은 언제고 사라진다는 것을 인정하면서 또 다른 아름다움을 채우기 위해 노력하는 사람이 있다. 후자가 바로 자신의 노력으로 성취하는 아름다움이다. 모든 아름다움에는 유통기한이 있지만 자신을 있는 그대로 받아들이면서 자신에 맞게 만들어가는 아름다움에는 유통기한이 없다.

누군가를 매료시키는 아름다움이란 자신의 인생을 언제까지나 자신감 있고 멋진 인생으로 충실하게 살기 위해서 열심히 노력하는 것이다. 거울에 자신의 얼굴을 비춰보자. 눈빛, 표정, 피부, 헤어스타일 등 온몸을 비춰보면서 거울에 비치는 모든 것이 내가 현재 보유하고 있는 나의 자산임을 인정하면 된다. 외형적인 것뿐만 아니라 내면적으로 내가 갖고 있는 모든 것도 포함이 된다. 거울에 비친 당신의 모습이 인생 전체를 끌고 갈 자원이라면 앞으로 이것을 어떻게 활용할 것인가? 그리고 어떻게 관리하고 지켜나갈 것인가?

자신이 가장 매력적으로 보일 수 있는 스타일로 연출하고 매력적으로 보일 수 있는 표정이나 제스처 등을 연구해서 보이고 싶은 모습을 그대로 보여주는 것, 내가 속한 사회에서 가장 적합한 이미지로 보이는 것은 당신이 성공할 준비가 되었다는 것을 뜻한다. 다른 무엇을 맡겨도 나를 경영하는 것과 마찬가지로 무엇이든지 잘 해낼 것 같은 사람이라고 인식될 수 있다. 귀찮다거나 게을러서 '그냥 나만 좋으면 되고 편하면 되지.'라는 생각으로 아름다워지는 것을 포기하지 말자.

아름다워지면 자신감이 생기고 더 무언가를 잘하고 싶은 마음이 드는 건 부정할 수 없는 사실이다. 자신감은 무엇보다도 자신이 가치를 믿기 위해서 갖춰야 할 중요한 요소다. 남을 위해서 잘 차려입고 멋 부리는 것이 아니라 나 자신을 위해서 꼭 필요한 요소이기 때문이다.

사람에게는 누구나 장단점이 있다. 약점을 생각하면서 '난 왜 이럴까?'라는 생각은 버리고 내가 가진 장점을 잘 발휘하고 돋보일 수 있도록 그것에 집중하고 연마하는 것이 좋다. 우리가 살아가면서 사람들이 시선과 친절이 아름다운 사람에게 몰리는 것을 볼 수 있다. 다른 사람이 나를 더 정중하게 대할 수 있도록 만들어보자.

나만의 아름다움을 찾는 아로마와 컬러 테라피

외향적인 성격에 어울리는 아로마 · 컬러 테라피	
장점	사교적이고 대화를 즐긴다. 다른 사람들과의 인간관계를 맺는 데 능숙하다.
단점	가끔 호들갑이 있을 수 있고, 주변 환경에 자신을 너무 맞추는 경향이 있을 수 있다.
아로마 테라피	로즈메리, 페퍼민트, 레몬그라스 등 경쾌하고 상쾌한 향기를 사용해 활동적인 에너지를 높여준다.
컬러 테라피	빨강 또는 주황색과 같은 활기찬 컬러를 선택하여 활력과 자신감을 높여준다.

내향적인 성격에 어울리는 아로마 · 컬러 테라피	
장점	혼자 있는 시간을 즐기며 독립적이다.
단점	새로운 인간관계를 형성하는 데 어려움을 겪을 수 있고, 소심하게 보일 수 있다
아로마 테라피	라벤더, 캐모마일, 베르가모트 등 편안하고 진정시키는 향기를 사용하여 안정감을 제공한다.
컬러 테라피	보라색, 파란색과 같은 차분하고 안정감을 주는 컬러를 선택하여 내면의 안정을 돕는다.

완벽주의적인 성격에 어울리는 아로마 · 컬러 테라피	
장점	꼼꼼하고 세밀하게 일을 처리하며 사람과 조화롭게 일하는 능력이 뛰어나다.
단점	자신과 주변 사람들에게 너무 높은 기준을 요구하는 경향이 있을 수 있다.
아로마 테라피	유칼립투스, 페퍼민트, 소나무 등 집중력과 명랑함을 높여주는 향기를 사용하여 긴장을 완화한다.
컬러 테라피	백색 또는 은색과 같은 깨끗하고 청명한 컬러를 선택 하여 신선함과 안정을 갖는다.

융통성 있는 성격에 어울리는 아로마 · 컬러 테라피	
장점	다른 사람들의 의견을 수렴하며 타협하는 능력이 있다. 다양한 인간관계를 유지하는 데 능숙하다.
단점	갈등을 회피하는 경향과 결정하기 힘든 부분이 있을 수 있다.
아로마 테라피	자작향, 프랑킨센스, 세이지 등 혼란을 해소하고 집중력을 향상시키는 향기를 사용한다.
컬러 테라피	융통성 있는 성격 유형에 맞는 컬러 테라피로는 성취감을 주고 안정과 조화를 느끼게 해주는 녹색과 같은 산뜻하고 평온한 컬러가 적합하다.

07

호감을 끌어내는 이미지 메이킹

상대가 원하는 바에 따라 자신의 이미지를 잘 바꾸고 비위를 잘 맞추는 사람이 있다. 진짜 자신의 모습이 아니더라도 상대가 원하는 조건에는 맞추었으니 이미지 메이킹에는 성공한 셈이다.

우리는 특별하다고 생각하는 무언가에 이끌리고 그것을 갖기 위해 비싼 대가를 지불한다. 내가 얼마를 지불했다고 해도 그 가치를 인정한다면 아까울 것이 없다. 그런데 시간이 지나 포장이 벗겨지고 드러난 알맹이가 평범하거나 부족한 모습이면 그제야 본전 생각을 하게 된다.

'이게 그만큼의 대가를 지불할 만한 것이었나?'

이 생각이 들면 그게 무엇이든 상품으로서 가치는 잃고 만다. 사람도 마찬가지다. 지속 가능한 호감 가는 이미지를 만드는 것은 이미지 메이킹의 기본이다. 호감 가는 이미지는 겉으로 보이는 것으로 만들어진다고 생각하기도 하지만, 사람들은 외모보다는 착한 마음씨와 같은 내면의 가치를 사회적으로 더 높이 평가해왔다. 외형적인 아름다움보다는 자신의 노력으로 발전해 나갈 수 있는 내면의 아름다움이 중요한 것이다.

아름답다고 하는 것은 사람들의 선호를 넘어서 이제는 그 능력을 평가받을 수 있는 잣대로까지 여겨진다. 후광효과를 내면서 그 사람의 능력과 관련 없는 것의 가치도 높여준다는 것이다. 사람들이 어떤 것을 선호하느냐는 뇌에서도 판단하는데 내가 좋아하는 브랜드나 내가 좋아하는 상표 등이 그 안에 내용이 어떤지보다 나의 기억과 정보, 취향에 따라 더 선호한다는 것을 알 수 있다.

사람들은 매력적인 사람을 보면 호감을 느끼고 상대방의 어떤 것에 투자할 때나 무엇인가 선택하거나 받을 때 아름다운 것에 훨씬 더 긍정적일 확률이 높다. 어떤 사람에 대해서 누군가 아름답다고 느끼는 것은 그 사람을 통해서 지각하고 있는 오감을 통한 감정이다. 사람마다 오감으로 느끼는 기준이 다르지만 '같은 값이면 다홍치마'라는 속담이 있다. 누구나 더 아름답고 더 좋은 것을 원한다.

아침에 외출 준비하는 자기 모습을 거울에 비춰보자. '오늘따라 헤어스타일이 마음에 드는데.' '오늘은 얼굴이 부었네.' 등의 생각을 할 것이다. 아침에 거울을 통해 자신이 멋져 보이는 모습을 확인하면, 이는 외적인 모습뿐만 아니라 내적인 만족감과 연결되어 긍정적인 감정을 불러일으킨다.

우리는 외모에 대해서 좋은 쪽이든 나쁜 쪽이든 스스로 판단하고 느끼는데 이것을 '외적 이미지'라고 하고, 다른 사람들이 보고 판단하는 나의 모습은 '사회적 이미지'라고 한다. 이미지는 사람들이 상대방을 평가하는 과정에서 느끼는 대인관계나 전문성 등 여러 가지를 알 수 있는 시각적 구별법이기도 하다.

처음은 어떤 상황에서든 누구에게든 중요하다. 첫인상이 3초 이내에 형성된다는 말에 대해서는 의견이 분분하지만 분명한 것은 짧은 순간에 많은 것이 결정된다는 사실이다. 우리가 어떤 사람을 보고 순간에 갖는 느낌, 그것이 바로 '인상 형성'이다. 대인관계도 마찬가지다. 첫인상이 좋지 않다면 더 이상의 관계를 지속하기 어려울 수도 있다. 예쁘고 잘생긴 사람이 인기가 많다는 것은 누구나 다 알고 있는 사실이다. 그런데 이상하게도 연애할 때와는 달리 우리가 뭔가 장기적인 프로젝트를 할 때는 외모보다는 그 사람의 배려심과 인성을 먼저 고려한다는 연구 결과가 있다. 오랜 시간을 함께할 때는 외모보다는 그 사람하고 얼마나 잘 통하고 마음을 나눌 수 있을지를 고려한다는 것이다.

아름다운 사람은 다른 사람의 마음을 사로잡을 뿐만 아니라 다른 사람으로 하여금 도와주고 싶다는 마음이 생기게도 한다. 영국의 시인 조지 허버트George Herbert는 '미인이 끌어당기는 힘은 황소보다 세다'고 했다. 신뢰감 있는 목소리, 다른 사람을 편안하게 해주는 아름다운 미소, 차분한 말투 등 상대방에게 믿음을 줄 방법은 여러 가지가 있다.

외모의 아름다움에 대한 차별을 '루키즘lookism'이라고 하는데 아름다운 사람일수록 그렇지 않은 사람에 비해 훨씬 더 많은 혜택을 누린다는 것이다. 그래서 그런지 사람들은 신체를 더욱 아름답고 건강하게 꾸미기 위해서 큰 노력을 하고 있다. 언젠가부터 아름다운 사람은 성격이나 인간관계나 능력이 뛰어날 것으로 생각하는데 이러한 현상을 '외모의 후광 효과'라고 한다. 외모로 보이는 긍정적인 이미지는 그 사람을 평가하는 데 큰 영향력을 발휘한다. 아름다운 외모를 가진 사람을 더 똑똑하거나 능력 있게 평가한다는 것이다. 그리고 아름다운 사람이 곁에 있을 때 자존감이 높아지고 사회적으로 자신의 지위가 더 올라간 것처럼 느끼게 된다.

당신은 지금 누구의 가치를 높여주고 있는가? 아니면 자신의 옆자리에 서고 싶지 않은 사람들을 만들고 있는가? 하지만 이런 것보다 중요한 것은 스스로 자기 외모를 어떻게 평가하는지에 있다. 황금비율의 얼굴형과 오똑한 콧날 균형 잡힌 입술, 매력적인 눈매 완벽한 신체의 비율을 가진 것을 아름답다고 말하지는 않는다.

진정한 아름다움이란 긍정적으로 자신을 바라보는 외적, 내적인 자신감과 자존감이다. 외모에 상관없이 눈부시게 빛나는 사람들이 있다. 이들은 자신의 외형적인 장단점을 잘 알고 그것을 자신이 원하는 이미지로 만들고 표현할 줄 아는 사람들이다. 지금 내가 가진 신체적 자산이 별 볼 일 없다고 타인과 대면할 때 주눅 들 필요는 없다. 그보다는 내가 남보다 우월한 점이 뭔지 살펴보고 매력적으로 보일 수 있는 장점을 극대화하기 위해 나를 찾는 시간을 지속해서 가져보자. 남과 차별화된 우아한 제스처, 친근하고 상냥한 말투, 공감을 담은 따뜻한 눈빛, 은은한 향기 또한 나답게 아름다운 사람이 되기 위한 충분한 요소다.

호감을 이끌어내는 이미지 메이킹 프로세스

· 자기인식과 분석

자신의 성격, 강점, 약점 및 관심사를 평가한다. 어떤 인상을 남기고 싶은지 구체적인 목표를 설정한다.

· 외모관리
상황과 대상에 맞는 적절한 스타일을 선택하고 유지한다.

· 비언어적 커뮤니케이션
자신감 있는 자세와 몸짓을 사용한다. 친근하고 진정성 있는 미소와 적절한 눈맞춤으로 호감을 표현한다.

· 언어적 커뮤니케이션
상대방의 말에 집중하고, 관심을 보이는 태도를 취한다. 명료하고 존중하는 언어 사용으로 의사를 표현한다.

· 사회적 상호작용
다양한 모임과 행사에 참여하여 사회적 네트워크를 확장한다. 상대방의 의견과 감정을 존중하고 배려한다.

· 지속적인 개선과 피드백
정기적으로 자신의 행동을 되돌아보고 개선한다. 다른 사람의 피드백을 열린 마음으로 받아들이고 이를 바탕으로 개선한다.

분류	호감 이미지 프로세스	비호감 이미지 프로세스
자기인식	긍정적 자기평가	부정적 자기평가
외모관리	적절한 복장 및 개인 위생	부주의한 복장 및 위생 무시
비언어적 커뮤니케이션	자신감 있는 자세와 미소	부적절한 자세와 무표정
언어적 커뮤니케이션	명료하고 존중하는 언어 사용	비효율적이고 공격적인 언어 사용
사회적 상호작용	활발한 네트워킹 및 상호 존중	제한된 상호작용 및 존중 부족
자기 개선 피드백	지속적인 자기반성 및 피드백 수용	자기반성 부족 및 피드백 무시

결국 호감을 이끌어내는 이미지 메이킹은 개인의 노력과 지속적인 관리를 통해 발전할 수 있는데, 자기인식과 외모관리, 비언어적·언어적 커뮤니케이션, 그리고 사회적 상호작용을 통해 긍정적인 이미지를 구축하고, 이를 통해 더 나은 사회적 관계와 개인적 성취를 이룰 수 있다.

나의 이미지를 최상의 값어치를 가진 이미지로 만들고 팔리기 위해
필요한 것은 무엇이 있을까?

번호	남들이 말하는 나의 가장 돋보이는 장점은 무엇일까?	최상의 이미지를 만드는 데 있어 방해된다고 느끼는 부분은 무엇인가?
1		
2		
3		
4		
5		

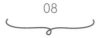

08

마주 보는 당신을 섬기겠습니다

충청북도에 사는 나는 도지사님과 지역을 순방하며 청년들의 이야기를 듣고 고민을 해결하고, 기관과 사업을 네트워킹하는 일을 맡아 여러 차례 진행해왔다. 그날도 지역과 관련된 정책을 설명하던 중이었는데 도지사님이 갑자기 발표 자료에 없는 자신의 경험담을 들려주셨다. 선거 기간 중에 후보로 출마해서 사람들을 만나며 자신을 소개하고 악수를 청하며 인사하고 다닐 때 자신이 큰 실수를 했었다는 이야기였다.

도지사님은 후보 시절, 사람과 악수를 할 때 눈을 잘 맞추지 않았다고 한다. 상대방 손을 잡고 있으면서도 눈길은 이미 다음 사람으로 넘어가 있어서 상대를 등지고 있었다는 사실을 뒤늦게 깨달았다고 했다. 그 이후에 '마주 보는 당신을 섬기겠습니다.'라고 다짐했다고 한다. 그리고 그것은 충청북도의 캐치프레이즈가 되었다.

사람들은 뭔가를 이루기 위해서 주변의 모든 것을 이용해 목표를 이루려고 하지만 정작 그것이 목표의 끝이라고 착각해서, 만들어진 인연의 끈을 놔버리는 경우가 허다하다. 나 역시도 목표 지향적이고 성과 지향적인 사람이어서 프로젝트마다 새로운 사람들을 만났다가 헤어졌고, 인연을 길게 이어가질 못했다. 자연스럽게 사람들이 따르는 리더는 마주 봄과 섬김으로 사람들의 마음을 두드려 그 빗장을 쉽게 열 수 있는 능력의 소유자일 것 같다. 사람을 섬기는 행위는 개인의 내면적 성장과 사회적 연대감을 증진시키는 중요한 요소다. 이는 개인과 사회 모두에게 긍정적인 영향을 미치는데 섬기는 리더십은 개인과 사회에 긍정적인 변화를 가져온다.

섬기는 리더십이 개인에게 미치는 영향
· 정서적 만족감
　타인을 돕는 행위로 인해 내면의 만족과 행복 증진

- 자아 발전

  인내, 이해, 공감 능력의 향상으로 인한 개인 성숙 및 성장

- 자기 효능감 강화

  타인에게 긍정적인 영향을 줄 수 있다는 인식으로 인한 자신감 증가

섬기는 리더십이 사회에 미치는 영향

- 사회적 연대감 강화

  공동체 의식 및 사회적 신뢰 증진

- 사회 문제 해결 기여

  소외된 계층에 대한 도움을 통한 사회적 격차 해소

- 문화적 긍정적 변화 촉진

  이타주의, 공감, 배려 등 긍정적 가치의 사회적 확산

"마주 보는 당신을 섬기겠습니다."

이 말에는 타인에 대한 깊은 이해와 존중, 그리고 헌신이 담겨 있다. 사람을 섬긴다는 것은 그 사람을 정말로 이해하

려는 노력에서 시작되는데, 이해는 단순한 지식의 축적이 아니라, 타인의 경험, 감정, 가치관에 깊이 공감하는 과정이다. 우리가 타인을 진심으로 존중할 때, 우리의 행동과 말은 자연스럽게 타인의 가치와 존엄성을 높여준다.

상대를 이해하고 존중한다고 얘기하고 싶다면 그것은 구체적인 행동으로 나타나야 한다. 단순히 물리적인 도움을 제공하는 것을 넘어 정서적 지원, 경청, 격려의 말 등 다양한 방식으로 나타날 수 있는데, 예를 들어 친구의 어려움에 귀 기울이는 것, 동료의 성과를 인정하는 것, 가족의 작은 성취를 축하하는 것 등도 섬김의 일부가 될 수 있다. 받는 사람은 사랑과 존중의 느낌을 받으며 이는 자신감과 자아 존중감을 증진시키고, 섬기는 사람은 타인의 삶에 긍정적인 영향을 끼칠 수 있다는 만족감과 함께 인간관계에서의 깊이와 풍요로움을 경험하게 된다.

09

교만한 자기소개

당신은 '겸손이 미덕'이라는 말을 실천하며 살고 있는가? 지역사회공동체 속에 살고 있는 우리는 타인과의 만남에서 잘난척하는 듯한 자기소개나 이야기를 듣고 있다 보면 나도 모르게 '저 사람 뭐야?' 하는 의미로 눈을 흘기거나 속으로 구시렁거리고 있는 자신을 발견할 때가 있다. 이처럼 우리 사회는 아무리 그 사람이 잘났다는 것을 알고 있다고 해도 100% 인정은 있을 수 없다는 듯 남이 잘난 척하는 꼴은 봐 주기 힘들어한다. 나 또한 마찬가지다.

어떤 모임을 가든 처음 하는 일은 자신을 소개하는 일이다.

많은 사람과 명함을 주고받으면서 이야기를 나눈 것 같은데 정작 기억나는 사람이 아무도 없다. 왜일까? 내가 이럴진대 다른 사람도 별반 다르진 않을까? 명함에 사진을 넣기도 하고 소개받으며 특징을 작게 메모하기도 하고 자동 저장하는 앱이 있어 편리하게 기억하게도 만들어 주지만 그런데도 거기서 끝인 경우가 허다하다. 나이를 먹을수록 특별한 필요가 아니라면 부질없고 귀찮게 느껴지는 관계를 일부러 만들 필요를 못 느끼게 된다.

그런데 어느 날 한 모임에서 지역의 기관장으로 근무하시는 분을 만나게 되면서 이런 생각의 틀이 박살이 나는 일이 생겼다. 자그마한 키에 호리호리한 몸매, 반짝이는 눈망울에 웃는 모습이 참 예뻐, 싫어하는 사람이 없을 것처럼 느껴졌던 그녀와의 인연은 만찬 모임에서 그녀가 주관하는 '교만한 자기소개'로 시작되었다. 충청북도 청주는 양반의 도시라는 별칭이 있는 도시. 그래서 그런지 사람들은 자신을 드러내는 것보다 겸손을 미덕으로 삼고 뒤에서 뒷담화는 할지언정 앞에서 대놓고 표현하는 일이 드물다. 그래서인지 타지에서 온 사람들은 충청도가 지역 텃세가 심하다고 말하거나 사람 속을 알 수 없다고 말하기 일쑤다.

그런데 그런 사람들이 모인 자리에서 가장 교만하게 자기를 소개하라니 온몸이 오그라들었지만, 그 시간은 뜻밖에도 내가 가진 장점이 어떤 것인지 생각하게 만들고, 자랑거리가 뭐 있을까를 고민하게 만들면서 '아, 내가 가진 것이 이런 게 있구나.' 하며 나의 장점을 발견하고, 어떤 것을 자랑스럽게 여기고 있었는지에 대해 나도 잘 몰랐던 점을 꺼내놓을 수 있는 자리가 되었다. 시간이 거듭될수록 내가 더 잘난 사람처럼 느껴져 자신감을 더 솟아났다. 처음 보는 사람이나 몇 번 본 사람이나 만나는 이의 장점이 뭔지를 알게 되고 서로 도움이 될 수 있는 일을 생각하게 되고, 자신이 발전시키고 있는 일과 인연을 엮어주는 시간의 주인이 된 느낌이었다. 그래서인지 그녀가 진행하는 교만한 자기소개 시간에는 늘 사람들의 희망과 열정이 넘쳐난다.

수처작주 입처개진隨處作主 立處皆眞은 '가는 곳마다 주인이 되고, 서는 곳마다 발전시킨다'는 뜻을 가진 고사성어다. 이는 개인이 어떤 상황에서도 주체적으로 행동하고, 주어진 환경에서 최선을 다해 발전을 이루려는 자세를 강조한다. 이 고사성어는 원래 불교에서 유래되었으며, 각 개인이 자신의 마음을 다스리고, 어떤 상황에서도 주어진 환경을 개선하며 발전시킬 수 있는 자신의 주체성을 잃지 않도록 하는 가르침을 담고 있다. 당신은 지금 있는 자리에 주인공처럼 행동하고 있는가? 아니면 어쩌다 누군가를 대신하기 위해 참석한 불청객 같은 모습을 하고 있는가? 교만해지라는 이야기가 아니다. 어느 곳에 있든 집중하고 그 시간에 최선을 다해보자. 자신이 생각지 못한 일이 일어날 수도 있다.

어떤 자리에 10명이 있다고 해보자. 한 명이 하는 얘기를 9명이 듣고 그중 3명이 그 이야기를 자기 삶에 적용하여 긍정적인 변화를 이끌어냈다면 대단하지 않은가? 우리는 매달 1, 2회씩 정기적인 모임에 참석하는 것만으로도 타인의 삶을 간접적으로 경험해볼 수도 있고 내가 해보고 싶은 뭔가에 대해 자연스럽게 취득할 수도 있다.

사람에게 기대하게 만드는 것은 내가 그 사람에게 무언가를 실질적으로 해주는 것 이상으로 중요하다. 첫 만남에서 잘난척하고 가장 교만한 자기소개를 해보자. '저 사람 뭐야?' 하며 이상하게 보는 사람도 있겠지만 그럼에도 나를 기억하고 필요로 하게 될 것이다. 남들 앞에서 잘난 척을 하기 위해 나조차도 자신의 가장 탁월한 부분이 무엇인가를 생각하게 되고 어쩜 그것은 생각지도 못한 기회를 얻을 수 있는 시간이 될 수도 있다.

사람들은 호감을 사기 위해, 관계를 유지하기 위해서 때로는 자기 아닌 모습으로 연기를 한다. 나이가 들수록 이런 허울뿐인 만남에 싫증 나고 지쳐서 가면을 벗고 연기하지 않아도 관계가 유지되는 만남, 온전한 민낯으로 대해도 불안함이 없는 사람과 함께 할 수 있길 갈구해보지만, 유명한 사람들일수록 타인의 시선을 의식하면서 살 수밖에 없는 굴레나 멍에를 쓰고 있는 듯한 불편함을 감수해야 하는 숙명을 인정하는 듯하다.

사람 간에는 아무리 가까워지려고 노력해도 성격이 다르고 가치관이 다르고 처한 상황이 다름에 따라 벽이 있기 마련이다. 처음부터 나다운 모습이 아닌 목적을 가지고 만난 사람들은 많은 에너지를 소모하며 싫든 좋든 관계성을 이어 가게 된다. 더불어 살면서도 약점을 드러내지 않고 만만하게 보이지 않고 나다움을 찾고 함께 살아 나가는 법은 어떤 것일까? 지금 내가 처한 것이 어떠한 관계든 타인에 의해 좌우되지 않는 흔들리지 않는 마음의 중심을 찾는 것이 중요하다.

어떤 사람은 상대에게 호감이 생겼다가도 그 상대가 먼저 호감 있는 마음을 보이기라도 하면 금세 싫증이 난 것처럼 그 사람이 싫어진다고 한다. 또 어떤 사람은 원래 마음에 들지 않거나 아무 감정이 없었는데 자신을 좋다고 하면 갑자기 그 사람이 좋아진다는 사람도 있다. 이렇듯 우리는 각기 다른 사람의 마음을 다 완벽하게 채워줄 수는 없다.

진정한 성공이란 내 마음이 평온한 상태에 놓이는 것이라고 한다. 내 마음이 평온을 얻으려면 내가 세상에 바라는 것이 없어야 한다. 지금이 내 삶에 만족하고 나를 기꺼운 마음으로 바라보고 내 옆에 사람을 따뜻한 눈길로 바라봐주고 관심을 가질 정도의 여유가 있어야 한다. 내가 그런 상태가 되려면 주체적인 삶을 회복하고 타인이 나를 이해해주기를 바라거나 나에 대해서 먼저 배려해주기를 바라지 않아야 한다. 누군가에게 기대하거나 바램이라는 것이 생기면 언제나 그것이 백 프로 만족하지 못하기 때문에 실망하게 되고 부족하다고 여기면서 화가 나게 되고 신뢰가 깨어진다. 상대방이나 자기 자신에게 불만족스러워 화가 나는 것이다.

살면서 나타나는 불안, 두려움, 화 같은 것들은 여러 가지 방식으로 세상에 존재한다. 그래서 무엇보다도 먼저 알아야 하는 것은 지금 내 감정 상태다.

지금 불안한 상태라면 그것을 해소하는 가장 좋은 방법은 다른 것을 생각하지 않고 지금 상황에서 감사할 일을 찾아서 입 밖으로 내어보는 것이라고 한다. 모든 일의 시작이 있다면 끝이 있고 나에게 가장 힘든 순간도 언제까지고 지속되지 않는다는 것을 다시 한번 알아차려야 한다는 것이다. 그것이 의도적으로든 항상 어떤 상황이 안 좋은 상황이 생각이 들게 되면 그것을 멈추라고 이야기하며 자기 스스로 생각이 확산하는 것을 멈출 줄도 알아야 한다.

사람들은 나약한 존재기 때문에 우리는 상대방의 불신 어린 말 한마디에 쉽게 무너져버린다. 힘차게 내달리다가도 커다란 돌덩어리가 아니라 작은 돌멩이에 걸려 넘어지는 것이 인간이다. 그렇기 때문에 자신이 나약한 사람인 것을 하루가 평화롭게 지나갔다는 것만으로도 내가 그리고 마음을 다해 오늘 하루를 잘 보냈다는 것으로도 감사한 마음을 가질 때 나에게 행운이 찾아온다.

인생은 결코 내 마음 같지 않다. 세상은 사람들이 자신이 부족한 부분을 인정하고 드러내고 하는 사람들을 더 높게 평가하고 도움의 손길을 건넨다. 상대방이 나를 도울 수 있게끔 만드는 것은 관계에 있어서 가장 큰 가장 기본이라고 할 수 있다. 이제 누구든 처음 만나는 자리에 선다면 세상에서 가장 잘난 사람이 나라는 듯 소개해보자.

10

같이 있고 싶다, 가치 있고 싶다

인생에서 가장 중요한 것을 하나만 선택하라고 한다면 무엇을 선택해야 할까? 40대까지는 가치 있는 삶을 주저 없이 선택했겠지만 살면서 그 가치라는 것에 혼돈과 물음표에 대한 답을 구하는 시간이 반복되며 가치 있는 삶보다는 내가 행복한, 누군가와 같이 하는 삶의 필요성을 대부분의 사람들이 더 느끼게 되는 듯하다.

지금의 당신은 어떠한가? 누군가와 '같이 있고 싶은 사람'과 자신이 '가치 있고 싶은 사람'은 각각 다른 성향과 동기부여를 가진 유형으로 볼 수 있다. 나는 어떤 유형인지, 삶의 목표를 어디에 둬야 할지 그 방향성을 잡기 위해 각 유형의 특징과 동기, 행동 방식을 분석해보자.

같이 있고 싶은 사람

· 유형의 특징

다른 사람들과의 상호작용에서 큰 즐거움과 만족을 얻고 타인과의 관계에서 정서적 안정감을 느끼며 이를 중요시한다. 자신의 감정을 표현하고, 타인의 감정을 이해하고 공감하는 능력이 뛰어난데 친밀하고 따뜻한 관계를 형성하고 유지하려는 욕구가 강하다.

· 동기부여

타인과의 정서적 유대감에서 큰 힘을 얻고, 주위 사람들에게 인정받고, 소속감을 느끼는 것이 중요하다.

· 행동 방식

타인의 말을 잘 듣고, 공감하려고 노력한다. 새로운 사람들과의 만남을 즐기며, 관계를 유지하고 발전시키는 데 많은 시간을 투자한다. 타인과 협력하며, 갈등을 최소화하려고 노력한다.

가치 있고 싶은 사람

· 유형의 특징

자기실현 욕구가 강해서 개인의 목표와 꿈을 이루기 위해 지속적으로 노력한다. 자신의 가치를 높이고, 자아존중감을 중요시한다. 이를 달성하기 위해 구체적인 목표를 세우고, 계획적으로 행동한다. 자신이 속한 사회나 공동체에 긍정적인 영향을 미치고자 한다.

· 동기부여

개인의 성취와 지속적인 성장을 통해 만족감을 얻는다. 자신의 행동이 타인과 사회에 긍정적인 영향을 미치는 것을 중요시하며, 자신이 가치 있는 사람으로 인정받고, 의미 있는 삶을 살고자 한다.

· 행동 방식

지속적인 학습과 자기계발을 통해 자신의 능력을 향상시키려 한다. 설정한 목표를 달성하기 위해 계획적으로 행동하며, 끊임없이 도전한다. 자원봉사, 커뮤니티 활동 등 사회적 기여를 위한 활동에 적극적으로 참여한다.

'같이 있고 싶은 사람'과 '가치 있고 싶은 사람'은 각각 인간관계에서 중시하는 가치와 목표가 다르다. 전자는 현재의 정서적 유대감과 사회적 소속감을 통해 즉각적인 행복을 추구하는 반면, 후자는 장기적인 목표 달성과 자기실현을 통해 사회적 성공과 개인적 만족을 추구한다. 이 두 유형은 상호 배타적인 것이 아니라, 서로 보완적인 관계에 있다. 이러한 관계와 가치를 통해 우리는 사회적 성공과 개인적 행복을 추구할 수 있다. 신뢰와 존중, 공감과 이해, 효과적인 소통, 갈등 해결과 타협, 지속적인 자기계발 등을 통해 우리는 더욱 깊고 의미 있는 인간관계를 형성할 수 있다. 따라서 우리는 두 가지 측면을 균형 있게 발전시켜 나가며, 더욱 풍부하고 의미 있는 삶을 추구할 수 있을 것이다.

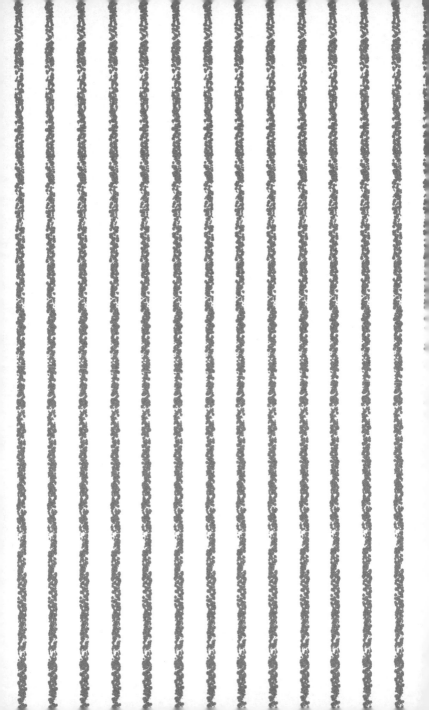

3장

강하게 마음근육을

단련하는 연습

...

01

남에게 휘둘리지 않는 평정심 갖기

성냥을 켜면 유황에 불꽃이 일고 향에 불을 붙이면 작은 연기와 함께 향내가 코끝을 찌른다. 그제야 난 비로소 속세와 떨어져 조용히 나를 돌아볼 수 있는 고요한 마음이 된다. 그래서 난 숨이 턱까지 차오르는 날이면 산사로 향한다. 조용하고 내가 내는 목소리를 들을 수 있는 한적한 절이 좋다.

난생처음 가본 절은 속리산에 있는 법주사였는데 그날 나는 사천왕이 있는 절 입구의 문턱을 넘지 못했다. 남들은 믿지 못하는데 발이 땅에 붙은 것처럼 떨어지지 않았다. 같이 안 들어간다고 엄마에게 혼나면서도 계속 절에 갔고 입구만 지키다 오기를 반복했다. 그러던 어느 날 갑자기 발이 움직였다. 대웅전까지 들어서니 사람들이 경건하게 절을 하는 게 보였다. 나도 들어가 절을 해보자는 생각에 무릎을 꿇고 엎드렸다. 그런데 그 순간 갑자기 눈물이 왈칵 났다. 왜 우는지도 모른 채 엎드려 한참을 눈물을 흘렸다.

'아…. 내가 전생에 지은 죄가 많이 사람인가보다. 그래서 사천왕이 있던 절 입구를 넘어 들어오지 못했나 보다.'

그날 이후 나는 불교 신자가 되었다.

불교 신자라고는 하지만 힘들 때만 부처님을 찾았다. 직장에서 힘든 일을 겪었을 때 이러다 죽을지도 모른다는 두려움이 들어 절에 가서 처음으로 백팔배百八拜라는 것을 올렸다. 한 번, 두 번, 열 번, 백 번, 백한 번, 백여섯 번까지도 아무 느낌이 없었다.

'어찌 된 거지? 열심히 백팔배를 하다 보면 응답을 들을 수 있다던데…. 에이, 다 거짓말이구나. 그럼 그렇지. 믿지 못할 사람들 같으니라고.'

마음이 흐트러지는 순간 갑자기 어디선가 나를 부르는 소리가 들렸다.

'수경아.'

나를 부르는 소리에 깜짝 놀랐다.

'수경아, 네가 다 알고 있잖니.'

누군가 나에게 말을 건네는 소리를 들으며 백팔배를 마쳤다. 참 신기한 경험이었다. 백팔배를 마치고 그곳을 나오면서 나는 내 간절함에 응답하는 무엇인가에 감사했고 세상에 모든 힘듦과 질문에 대한 답이 나 자신 안에 있음도 깨달았다. 그 이후 나는 누구보다 내면의 소리를 많이 듣는다.

내면의 소리는 우리의 진정한 감정과 욕구, 그리고 신념을 반영하는 중요한 요소다. 현대 사회의 빠른 변화와 복잡한 상황 속에서 우리는 종종 외부의 소음에 휩싸여 자신의 내면의 소리를 무시하거나 잊어버리기 쉽다. 그러나 내면의 소리를 듣는 것은 자기이해와 자아실현에 필수적이다. 이를 통해 우리는 진정으로 원하는 것이 무엇인지, 무엇이 우리를 행복하게 하는지, 그리고 어떤 방향으로 나아가야 하는지 알 수 있다. 자신의 내면의 소리를 존중하고 따르는 것은 궁극적으로 더 충만하고 만족스러운 삶을 사는 데 도움을 준다.

평정심은 이러한 내면의 소리를 잘 들을 수 있게 해주는 중요한 상태다. 평정심을 유지하면 외부의 혼란과 스트레스에도 흔들리지 않고, 침착하게 상황을 판단하고 대처할 수 있다. 이는 명상이나 심호흡 같은 다양한 방법을 통해 훈련할 수 있으며, 일상 속에서도 꾸준히 실천이 가능하다. 평정심을 유지하며 내면의 소리를 듣는 삶은 외부의 평가나 비교에 휘둘리지 않고, 진정한 자신을 발견하고 성장하는 데 큰 도움이 된다.

일상생활에서 직면하는 다양한 도전과 스트레스 상황에서 평정심을 유지할 수 있게 하는 방법을 알아보자.

첫째, 타인의 영향으로부터 감정 보호하기

· 경계 설정의 중요성

타인과의 관계에서 경계를 설정하는 것은 자신의 감정을 보호하는 첫걸음이다. 명확한 경계는 다른 사람들이 당신에게 미치는 감정적 영향을 제한하는 데 도움이 되고, 이는 "아니요."라고 말할 수 있는 능력, 자신의 필요와 우선순위를 명확히 표현하는 것을 포함한다.

· 감정적 거리 두기

감정적으로 영향을 많이 받는 사람들과는 의도적으로 감정적 거리를 두는 것이 필요하다. 이는 감정적으로 과도하게 반응하지 않고, 상황을 객관적으로 평가할 수 있는 능력을 키울 수 있게 도와준다.

둘째, 평정심을 잃는 상황 인식하기

· 자주 발생하는 유발 상황 분석

자신이 평정심을 잃기 쉬운 상황을 미리 인식하는 것은

중요하다. 이를 통해 어떤 유형의 상황이나 행동이 감정을 자극하는지 파악할 수 있다.

· 신체적·정신적 반응 이해하기

스트레스가 많은 상황에서 신체적으로 느끼는 반응을 주의 깊게 관찰한다. 이는 심박수 증가, 긴장, 불안 등이 될 수 있고, 이러한 신호들을 인지하는 것이 감정적 반응을 조절하는 데 중요한 첫 단계다.

셋째, 평정심을 유지하는 기술

· 상황 재해석하기

부정적인 상황에 직면했을 때, 그 상황을 다르게 해석하는 연습을 해보자. 이는 감정적으로 충동적인 반응을 줄이고 더 합리적인 대응을 가능하게 한다.

· 감정 조절을 위한 실용적 기술

명상, 긍정적 자기 대화 등의 기술은 감정의 폭발을 방지하고 평정심을 회복하는 데 도움을 줄 수 있다. 이러한 기술들을 일상에 통합하여 감정의 균형을 유지하도록 한다.

넷째, 일상 속에서 평정심 실천하기

· 일상의 스트레스 관리

일상에서 스트레스를 관리하는 것은 평정심을 유지하는 데 중요하다. 충분한 휴식, 균형 잡힌 식사, 적절한 운동은 모두 감정적 안정성을 증진시킨다.

· 장기적인 관점 유지하기

문제에 직면했을 때 큰 그림을 보는 연습을 하자. 장기적인 관점에서 사고하는 것은 일시적인 감정의 동요를 넘어서도록 도와준다.

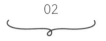

나를 믿는다는 것

당신에게 살아가면서 가장 중요한 것은 무엇인가? 저마다 살아온 시간과 경험에 따라, 결핍에 따라, 갈구하는 것에 따라 답은 다를 것이다. 내가 살아가면서 가장 중요하게 생각하는 것은 나에 대한 신뢰, 즉 자신감이다.

무엇 때문에 사는지 삶의 방향조차 잡을 수 없었던 청소년기를 지나고, 사랑이면 다 될 것 같던 청춘도 추억으로 묻혀버리고, 나는 누구인가에 대한 존재감을 찾아보려고 애쓰다 지쳐버릴 것 같은 중년기에 접어들면서 느끼는 자신감은 자신의 존재에 가치를 측정할 수 있는 중심추와 같다.

자신감이란 자신을 믿고 어떤 상황에서든 자신의 가치를 인정할 수 있는 능력에서 비롯된다. 이는 단순한 자기확신 이상의 것이며 내면의 깊은 자기신뢰에서 우러나오는 감정이다. 자신을 믿는다는 것은 실패와 성공을 넘어서 자신의 잠재력과 가치를 인정하는 것을 의미하는데, 이러한 자신감은 개인의 일상, 대인관계, 직업적 성공에 깊이 영향을 미치며 심리적 안정감과 만족도를 높여준다.

끊임없는 자아성찰과 경험을 통해 자기신뢰를 쌓을 수 있다. 우리는 새로운 도전을 맞이할 때마다 자신에 대한 믿음을 시험해볼 기회를 얻는데 이 과정에서 중요한 것은 성공 여부를 넘어서, 각 경험을 통해 자신에 대해 배우고 성장하는 것이다. 자신의 한계를 시험하고 그 경험에서 배운 점을 자산으로 삼을 때 자기신뢰, 즉 자신감은 점점 더 굳건해진다. 또한 자신감은 타인과의 관계에서도 중요한 역할을 하는데, 자신을 믿는 사람들은 보통 자기주장을 효과적으로 표현하고 타인의 의견에 귀 기울일 줄 아는 균형 잡힌 태도를 가지고 있다.

자기신뢰는 각자의 단점과 한계를 인식하고 받아들이며 그럼에도 불구하고 자신의 강점과 가능성을 믿는 것을 의미한다. 스스로에게 동기를 부여하고 목표를 향해 나아갈 힘을 주며 도전적인 목표를 설정하고 그 목표 달성을 위해 필요한 자원과 노력을 투자하는 데 주저하지 않도록 돕는다.

결국 자신을 믿는다는 것은 자신의 내면과 외면을 모두 이해하고 수용하는 삶의 여정이다. 그 여정이 때로는 힘들고 도전적일 수 있지만 자신감을 발전시키고 삶의 질을 향상시키는 데 필수적이다.

자기신뢰는 이러한 요소에 의해 형성된다.

첫째, 개인의 성장 배경과 초기 경험이 중요한 역할을 한다. 어린 시절부터 격려와 지지를 받으며 성장한 개인은 자연스럽게 자신감을 내면화하는 경향이 있다. 이러한 환경은 개인이 실패를 두려워하지 않고 도전을 수용하는 기반을 마련해준다.

둘째, 개인의 성취와 경험도 자기신뢰를 쌓는 데 결정적인 역할을 한다. 성공적인 경험은 자기 효능감을 증진시키고 이는 다시 자신감을 높이는 순환 구조를 형성한다.

제아무리 삶의 목적을 바로 하고 열심히 노력하며 살아도, 남들이 인정해주지 않거나 기회를 부여받지 못하면 그것은 헛고생이고, 내 사랑만큼은 순수하고 영원하다고 아무리 외쳐도, 진실은 마음과 따로 놓인 채 머릿속에서 돌아가는 자기 입장에서의 계산기와 자기만의 사랑을 순수라고 착각하는 교만은 이미 우리를 가볍게 만들고 있다.

누군가를 멋대로 판단하고 그렇다고 믿어버리는 교만이 타인에게 상처가 되며 소통의 벽을 쌓고 있다는 것을 간간이 몸소 체험하면서도 우리는 보이는 게 다인 양 살아가고 있지는 않은가?

　세상에 공짜는 없다는 말이 있다. 그렇다면 공짜로 바라는 것이 없던 사람이 순수하게 사랑을 믿은 대가는 무엇일까? 그것조차도 '뭔가 있을 거야.'라고 생각하는 사람들의 오해와 믿은 마음에 대한 배신이다. 하긴 그것조차도 자기 입장에서의 판단일 수 있겠지만 말이다.

　보여지는 인상으로 인한 평판의 중요성 때문에, 사회적 동물인 우리는 외모를 가꾸기도 하고, 호감의 언행을 익히고, 막힘없는 소통을 통해 인정의 욕구와 성취감을 맛보려 하지만, 때로는 사는 게 생각과는 다르고 마음 같지가 않아 좌절해버리기 일쑤다. 하지만 쓰러져 일어날 생각도 하지 못한 채 포기하지만 않는다면 어딘가에 내 마음 같은 존재가 있다는 것을 믿어보자.

　'역시 세상에 믿을 건 나 자신밖에 없어.' 하고 넋두리를 하며 스스로를 가두며 재미없이 살지는 말자는 얘기다. 자신을 믿을 수 있다는 것이 얼마나 든든하고 행복한 일인가.

영원한 것

영원성에 대한 질문은 인류 역사와 문화 전반에 걸쳐 빈번하게 등장한다. 영원이라는 개념은 시간의 끝이 없음을 의미하며 우리 인간의 삶과는 본질적으로 다른, 불가해하고 신비로운 특성을 가지고 있다. 고대 그리스 철학자 헤라클레이토스는 "모든 것은 흐른다.", "같은 강물에 두 번 발을 담글 수 없다.", "변화는 유일한 상수."라고 주장하며 세상의 모든 것은 끊임없이 변한다고 강조했다. 반면에 그의 동시대 그리스 철학자인 파르메니데스는 존재하는 "모든 것은 변하지 않으며 영원하다."라고 말했다. 이 두 철학적 관점은 영원과 변화에 대한 우리의 이해를 형성하는 데 중요한 역할을 했다.

영원이라는 개념을 사회심리학적 관점에서 접근할 때, 우리는 개인과 사회 그리고 문화가 어떻게 시간을 초월하여 지속될 수 있는지를 고려하게 된다. 이러한 관점은 개인의 심리적 경험뿐만 아니라 그 경험이 사회적 맥락 속에서 어떻게 의미를 갖고 전달되는지를 탐구하는데, 사회심리학에서 영원은 주로 관계의 지속성, 사회적 정체성의 유지, 그리고 문화적 유산이 후대에 전해지는 과정을 통해 이해될 수 있다.

· 사회적 관계의 지속성과 영향력

인간의 사회적 관계는 때때로 단기적인 상호작용을 넘어서는 지속성을 지닐 수 있다. 사랑하는 사람과의 관계, 가족 간의 유대, 강력한 우정 등은 사람들이 삶을 통해 경험하는 중요한 정서적 기반이며, 이러한 관계는 사람들의 행동과 가치관에 영구적인 영향을 미칠 수 있다. 예를 들어, 부모와 자녀 간의 관계는 종종 자녀의 성격 형성과 가치관에 깊은 영향을 끼치는데 이러한 영향은 부모의 사망 후에도 지속되며, 때로는 여러 세대에 걸쳐 영향을 미칠 수 있다.

· 사회적 정체성의 영속성

사회적 정체성, 즉 우리가 속한 집단에 대한 인식과 그
집단이 우리에게 제공하는 의미는 개인의 자아와 밀접
하게 연결되어 있다. 이는 우리의 생각, 감정, 행동에 지
속적인 영향을 미치며, 집단의 문화와 전통은 세대를
넘어 전달된다. 예를 들어, 국가적·종교적·문화적 집단
에 속함으로써 개인은 그 집단의 역사와 성취를 자신의
일부로 받아들이게 되며, 이는 집단의 지속적인 존재와
영향력을 가능하게 한다.

· 문화적 유산의 전달

문화적 유산은 예술, 언어, 의례, 민속과 같은 형태로 전
해지며, 사회 구성원들에게 공통의 정체성을 제공하고
과거 세대의 지혜와 경험을 현재와 미래 세대에 전달하
는 수단이다. 예를 들어, 전통 음악, 춤, 그리고 축제는
공동체의 일원으로서 개인의 소속감을 강화하며 이러
한 전통은 세대를 거쳐 지속된다.

· 기억과 영원

사회심리학에서 기억의 역할은 개인뿐만 아니라 집단
에도 중요하다. 기억은 과거의 사건들을 현재에 재현하

며 이를 통해 공동체는 과거의 중요한 사건들을 기념하고 교훈을 얻는데, 경험에 대한 기억은 시간이 지나도 그 의미를 유지하며 때로는 신화나 전설의 형태로 발전하여 문화 속에 깊이 뿌리내린다.

사회심리학적 관점에서 볼 때 세상에 영원한 것은 존재할 수 있다. 이는 물리적 또는 추상적 형태가 아닌 사회적 관계, 정체성, 문화적 전통, 그리고 집단 기억의 지속성을 통해 나타난다. 인간이 서로 연결되어 있고 과거로부터 물려받은 가치와 지식을 공유함으로써 우리는 영원의 일부분을 경험할 수 있는데 영원은 실존적 개념으로써 우리의 삶 속에서 지속적으로 재현되고 의미를 가질 수 있는 것이다.

인간에게 공평하게 주어진 신의 선물이라 불리는 하루, 24시간은 누군가는 세상을 다 가진 것처럼 매 순간 기쁘고, 누군가에겐 삶을 포기하고 싶어지는 절망을 준다. 어떤 이에겐 전부를 걸 정도로 치열하고 마음 졸이던 시간이, 어떤 이에겐 어떤 관심조차 두지 못하게 만들었을지도 모르는 시간은 늘 그렇게 간다. 내가 최고인 줄 알고 자만하고 살다가 어느 날 나 자신보다 못한 사람과의 경쟁에서 물러나게 되었을 때. 내 주변 나를 지지하던 모든 사람이 함께 나에게서 멀어짐을 느낄 때 그것을 아무렇지도 않게 이겨낼 수 있는 사람이 얼마나 될까?

어떤 상황에 부딪혔을 때 약한 사람은 무능력한 자신을 탓하고 강한 척하는 사람은 남의 탓을 한다. 아무리 발버둥 쳐봐야 그 무엇도 영원한 내 것은 하나도 없는데도 사람들은 애써 부정하고 자신하며, 너무나 치열하게 산다. 권력도 돈도, 명예도 사랑도 다 가지려고 애쓰면서 정작 어떤 날엔 '내가 무엇을 위해 사는 거지?'라는 물음표를 던지면서 말이다.

남보다 행복하게 살고 싶은 욕심과 욕망에 사로잡혀 세상에 보이는 게 전부인 양 매스컴을 통해, SNS를 통해 남들에게 능력 있는, 행복해 보이는, 나로 보여짐을 통해 인정받고 싶은 욕구를 충족시킨다. 그저 온전히 나 자신이 느끼는 행복이면 되는데 말이다.

그 행복의 기준을 어디에 두고 살아야 하는지 정작 자신이 어떤 때 가장 행복해하는지도 잘 모르면서 그저 남과의 비교 속에서 더 많이 갖고, 더 많이 누리는 걸 부러워하며 살아간다. 그 끊임없는 비교가 삶의 발전을 이뤄내기도 하지만 부나 명예나 권력, 혹 그게 사랑이라도 자신의 영원한 소유라는 것은 없다. 가지려고 하면 할수록 움켜잡으려고 할수록 그 대상이 무엇이든 튕겨 나가거나 쉽게 없어지고 만다.

무엇이든 만드는 것, 이루는 것, 올라가는 것 보다 그것을 지켜내는 것, 유지하는 것, 잃지 않는 것이 얼마나 중요한 것인지 나이를 먹어가면서 새삼 더 느낀다. 영원히 지키기 위해서는 스스로 극복할 수 있는 힘, 내 마음의 중심을 잡는 것이 중요하다.

세상 모든 사람이 나를 귀하게 보고 좋아하진 않는다. 무한 경쟁시대를 살아가면서 나 스스로를 잘 파악하고 돌아볼 줄 알며 자신을 극복하는 것만이 진정 행복하게 사는 것이 아닐까?

어느 것 하나 내 마음 같지 않고 어느 것 하나 영원한 것은 없다며 무기력하게 부정적인 시선과 나태한 태도로 삶을 흘려보내기보다는 긍정적인 마음을 가지도록 노력하고 스트레스를 받지 않는 방법을 스스로 깨우치고 터득해 삶의 주인이 되어보자.

항상 높은 자리에서 있을 거라고 생각하는 사람도 늘 행복할 거라고 생각하는 사람도 없다. 단지 그 온전한 내 것 하나를 가지기 위해서 애쓸 뿐. 급변하는 시대가 내 마음의 변화와 속도조차도 바꾸어 놓지만 무엇이든 가지고 있을 때는 귀한 것을 모른다. 그런 당연함과 안일함이 나태함을 부르고 모든 것이 영원할 것만 같은 자만이 소중한 것을 잃게 만드는 오류를 범하게 한다.

세상에 영원한 것은 없다지만 나만은 지금 이 자리에서 누군가에도 영원하다고 믿을 수 있는 사람이 되어보자. 그 믿음이 있다면 원하는 걸 다 이룰 수는 없겠지만 마음만이라도 행복할 수 있지 않을까.

혼자 잘해주고 상처받지 않으려면

나는 사람들한테 잘하는 데 남들은 그만큼 날 배려하지 않는다는 생각을 한 번쯤은 해보았을 것이다. 인간은 누구나 인정 욕구가 있고 자신이 한 일에 대해 누군가 알아봐주기를, 그만 한 대우를 받기를 기대한다. 사람들에게 인정받고 사랑받는 것만큼 에너지를 충만하게 만드는 일도 없다.

상처는 기대감이 있기 때문에 생기는 것이고 그렇기에 생판 모르는 남보다 내가 잘 아는 사람, 가까운 사람에게서 더 자주, 더 크게 마음의 상처를 받는다.

대부분의 사람들은 새로운 것에 눈길을 주고 설레며 호기심을 갖지만 나는 오래된 것, 낡은 것, 익숙한 것이 좋다. 혼자 있더라도 익숙한 것과 마주하는 시간은 외롭지 않은 어떤 시절을 떠올리게 만든다. 눈으로 입으로 코로 귀로 오감으로 느끼는 유형의 것들은 묘하게 사람의 심상까지 움직여 그때 그 시절의 누군가를 기억하게 만들고 심지어 우리는 어떤 음악을 떠올리며 그 당시의 냄새까지도 맡을 수 있다.

교수가 되고 치열하게 살았던 그 시절 처음으로 나는 가족이 아닌 사람을 믿고 존경했고 가족보다도 더한 정성을 쏟고 의지했다. 가족보다 더 귀한 사람이라고 생각했던 그 사람은 그 시절 나에게 가장 힘든 시련을 안겨준 사람이 되었고, 나는 처음으로 사람에 대한 실망감과 배신감, 허탈함에 수년 동안 몸살을 앓았다. 정신과를 찾을 정도로 인간관계를 두려워했고 멘탈은 처절하게 붕괴되어 버렸다. 꿈꾸던 교수가 됐다는 것만 제외하고, 그 시기에 나는 많은 것을 잃었다. 사람에 대한 상실감으로 제대로 설 힘조차 없었다.

지금 당신이 아는 누군가가 곁을 안 주고 냉정하게 느껴진다면 아마도 그 사람도 이미 누군가에게 무조건적으로 잘해주다가 반복되는 상처를 받아 마음의 문을 닫아버렸을 수 있다. 또는 자본주의와 기회주의 앞에서 순수한 인간적인 마음 따위는 부질없다고 느껴서 주고받지 않아도 되는, 사람에 대한 기대 없이 혼자가 되는 것을 선택했을지도 모른다. 살아가면서 겪은 내가 선택하지 않았는데 겪었던 두 번의 상처는 살갗에 딱지가 되어 앉았고 아직 다 아물지 않은 듯하다.

사람은 사회적 존재로서, 타인과의 관계 속에서 많은 영향을 받는데, 때로는 이런 관계에서 균형이 깨질 때가 있다. 내가 지나치게 희생하고 어려움을 감수하며 타인에게 잘해주었는데 상대는 그것을 당연히 여기고 나를 그만큼 생각하지 않은 경우도 균형이 깨지는 순간이다.

혼자 잘해주는 행동은 종종 과도한 헌신과 무시당함으로 인해 상처를 받을 위험이 크다. 이러한 패턴을 방지하고 자신을 보호하는 방법을 살펴보자. 각자의 정서적 안정성을 유지하고, 건강한 대인관계를 발전시키는 데 중요한 역할을 할 것이다.

1. 자기인식 강화
· 방법: 자신의 행동을 면밀히 관찰하고, 어떤 상황에서 무의식적으로 과도하게 다른 사람을 돕는지를 기록해보자.
· 이유: 자신의 행동 패턴을 인식하는 것은 그것을 수정하고 조절하는 첫걸음이다. 자신이 왜, 언제, 어떤 방식으로 타인에게 과도하게 잘해주는지 이해함으로써, 건강하지 않은 행동을 줄일 수 있다.

2. 건강한 경계 설정

· 방법: 자신의 한계를 명확히 하고, 이를 지키기 위해 구체적인 규칙을 세우자. 예를 들어, 자신의 시간, 에너지, 자원이 허용하는 범위 내에서만 도움을 제공하기로 결정할 수 있다.

· 이유: 경계 설정은 자신의 욕구와 감정을 존중하는 행위다. 건강한 경계는 자신을 과도한 헌신으로부터 보호하고, 스트레스와 번아웃을 예방한다.

3. '아니요'라고 말하는 연습

· 방법: 자신이 도울 수 없거나, 돕고 싶지 않은 상황에서는 단호하게 '아니요'라고 말하는 연습을 해보자. 미리 대화 스크립트를 준비하고 연습하는 것도 좋다.

· 이유: 모든 요구에 '예'라고 응답하는 것은 자신을 지치게 할 수 있다. '아니요'라고 말할 수 있는 능력은 자기 자신을 우선시하고, 자신의 정서를 보호한다.

4. 자기돌봄의 중요성 인식

· 방법: 정기적으로 자기돌봄 활동을 계획하고 실천해보자. 취미 생활, 명상, 운동 등 자신을 위한 시간을 확보하고 즐겨보자.

· 이유: 자기돌봄은 자신의 욕구를 충족시키고, 정신적,
육체적 건강을 유지하는 데 필수다. 자기 자신을 잘 돌
보는 것은 자신감을 키우고, 다른 사람에게 지나치게
의존하지 않도록 돕는다.

5. 정서적 지원 네트워크 구축

· 방법: 신뢰할 수 있는 친구나 가족, 혹은 전문 상담가
와의 정기적인 대화를 통해 자신의 감정과 경험을 공유
해보자.

· 이유: 감정적 지원을 받는 것은 외로움을 감소시키고,
감정적 부담을 경감한다. 이러한 지원은 또한 건강한
관계를 유지하는 데 중요한 역할을 하며, 과도한 헌신
의 부담으로부터 벗어나는 데 도움을 준다.

일방적으로 많이 베풀고 자주 상처받는 사람들은 특정 성
향이나 유형에 따라 구분될 수 있다. 각 유형은 고유한 장점
과 단점을 가지고 있는데, 이해를 통해 스스로 더 건강한 대
인관계를 형성하도록 도움이 될 수 있다.

그렇다면 어떤 사람들이 이런 유형에 속할까? 지금부터는
혼자 잘해주고 상처받는 사람들의 유형과 그들의 장단점에
대해 살펴보자.

1. 과도한 공감자(The Over-Empathizer)

· 장점: 이 유형의 사람들은 타인의 감정을 깊게 이해하고 공감하는 능력이 뛰어나다. 그들의 높은 공감 능력은 사람들이 편안하고 이해받고 있다고 느끼게 해주며, 강력한 친밀감을 형성할 수 있다.

· 단점: 과도한 공감은 자신의 감정을 무시하게 만들 수 있다. 타인의 문제를 자신의 것처럼 받아들이면서 자신의 감정적 욕구가 소홀히 다뤄지기 쉬워, 결국 번아웃이나 심리적 고갈을 경험할 수 있다.

2. 인정 추구자(The Recognition Seeker)

· 장점: 인정을 추구하는 사람들은 보통 사교적으로 다른 사람들과 잘 어울리려 노력하며, 대인관계에서 긍정적인 인상을 남기는 데 능숙하다.

· 단점: 타인의 인정과 긍정적인 평가 없이는 자신의 가치를 인식하기 어려워한다. 타인의 기대에 부응하려는 압박감으로 인해 자신의 진정한 욕구와 감정을 무시할 위험이 크며, 이로 인해 자존감이 약해질 수 있다.

3. 자기 희생자(The Self-Sacrificer)

· 장점: 자기 희생자는 높은 도덕적 기준과 타인을 위

한 강한 헌신을 가지고 있다. 그들의 노력은 종종 다른 사람들에게 큰 도움이 되며, 사회적으로 존경받는 위치에 있을 수 있다.

· 단점: 하지만 이 유형의 사람들은 자신의 필요와 욕구를 지속적으로 무시하며 타인을 위해 희생하는 경향으로 인해 장기적으로 자신의 건강과 행복을 해치고, 결국 실망감과 소진을 경험할 수 있다.

4. 갈등 회피자(The Conflict Avoider)

· 장점: 갈등 회피자는 조화를 중시하며, 대인관계에서의 긴장이나 불화를 최소화하는 데 탁월하다. 그들은 환경을 평화롭게 유지하려는 노력으로 다른 사람들 사이에서 중재자 역할을 할 수 있다.

· 단점: 갈등을 회피하는 경향은 중요한 문제들을 해결하지 않고 넘어가게 만들 수 있다. 자신의 진정한 감정이나 의견을 표현하지 않아 결국 관계 내에서 불만이 쌓이고, 개인의 정체성 발전을 저해할 수 있다.

5. 완벽주의자(The Perfectionist)

· 장점: 완벽주의자는 높은 성취욕과 탁월한 세부 사항에 대한 주의력을 가지고 있는데, 높은 기준은 직장이

나 사회생활에서 높은 성과를 이루는 데 도움이 된다.

· 단점: 하지만 이들은 자신뿐만 아니라 타인에게도 완벽을 요구하는 경향이 있어, 실현 불가능한 기대로 인해 자신과 주변 사람들을 지나치게 압박할 수 있다. 이는 관계에서의 긴장과 실망감을 초래할 수 있다.

각 유형의 장단점을 이해하고 인식하는 것은 자신의 건강한 한계를 설정하고, 보다 균형 잡힌 관계를 구축하는 데 중요한 첫걸음이다. 자신의 강점을 유지하면서 단점을 관리하기 위해 적극적으로 노력해보자.

느리게 가야 보이는 것들

우리는 종종 빠른 속도와 효율성이 주는 매력에 이끌려 살아간다. 현대 사회는 빠르게 움직이는 것을 선호하며 무언가를 기다리는 것을 견디기 힘들어한다. 하지만 진정한 의미와 깊이 있는 경험들은 느리게 가야만 비로소 보이기도 한다.

매사에 서두르며 시간 강박관념을 가지고 사는 내가 지나치는 것들 중 하나는 주변의 아름다움을 감상하는 것이다. 어느새 봄이 와 남들은 꽃구경도 가고 사진도 찍었다는데, 고개를 돌려보니 이미 꽃들은 다 지고 어느새 녹음이 우거진 여름의 중반일 때가 많았다. 빨리 많은 일을 해야만 한다는 생각에 휩싸여 나를 돌보고 주변을 신경 쓰지 못한 채 소중한 시간이 흘러가버린 것이다.

사람들이 그토록 원하는 진정한 인간관계의 발전도 느림을 통해 더 깊이 이루어진다. 빠르게 형성된 관계는 표면적인 수준에 머무르기 쉽지만, 천천히 시간을 들여 상대방을 이해하고 서로의 삶에 깊이 관여한다면 매우 강력하고 의미 있는 관계가 될 수 있다. 깊이 있는 대화, 공감, 그리고 서로의 삶에 대한 진정한 관심은 시간을 들여 천천히 쌓아가는 것이다.

느림은 또한 자아성찰의 기회를 제공한다. 바쁜 일상에서는 자신의 내면을 돌아볼 시간이 부족하다. 바쁜 와중에도 일부러 시간을 내어 조용히 생각에 잠기거나 명상을 하는 등의 활동은 자기 자신을 더 깊이 이해하는 데 도움을 준다. 이런 과정을 통해 자신의 감정, 동기, 그리고 인생 목표에 대해 더 명확히 파악할 수 있으며, 결국 자기 자신이 원하는 행복에 근접하게 살 수 있다. 느리게 산다는 것은 이렇듯 지속 가능한 삶을 영위하는 데 중요한 역할을 한다. 속도를 늦추고 현재에 더 집중함으로써 내가 가진 자원을 보다 현명하게 사용할 수 있다.

운전을 하다 보면 느리게 가야 보이는 것들이 있다. '급할수록 돌아가라'는 말처럼 우리가 어떤 곳을 목표로 하고 차를 몰아 마구 달리다 보면 목표 지점에 일찍 도착할 수는 있겠지만 지나온 길에 뭐가 있었는지는 도통 알 수가 없고, 간혹 신호를 위반하거나 과속으로 달려 딱지를 끊기도 한다. 그렇게 달려왔던 길을 어느 날 천천히 가다 보면 내 눈을 잡아끄는 멋진 풍경, 살짝 연 창문에서 느껴지는 바람, 간간이 스며드는 어떤 냄새를 느낄 수 있다. 이것이 바로 느리게 가는 자의 여유다.

인생에서 내가 택할 수 있는 방법은 두 가지다. 빠른 속도로 목적지를 향해 내달려가느냐, 느린 길로 천천히 가지만 목적지에 가면서 많은 것들을 보고 느끼면서 가느냐 하는 것이다. 어떤 길이 잘한 선택일지 장담은 못하지만 그 모든 선택의 결과는 나의 몫이다. 우리는 느리게 사는 삶에서 깊은 통찰과 올바른 가치를 얻을 수 있다. 내 삶의 모든 순간을 진정으로 의미 있게 살아내기 위해서 때로는 멈춰서서 주변을 둘러보고, 내면의 목소리에 귀 기울이는 시간이 필요하다.

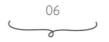

06

인정할 수 있는 용기

이런저런 풍파를 겪고 삶에 이골이 나면 대부분의 사람들은 자신을 향한 비판에 그리 동요하지 않는다. 남들의 이야기는 생각만큼 내 인생에 영향을 주지 않는다는 것을 알게 되었기 때문이다. 그런데 나는 마음공부를 열심히 했지만 아직도 남들이 나를 잘 알지도 못하면서 하는 근거 없는 뒷담화에 화가 난다. 아직 덜 성숙한 걸까?

사람의 뇌는 타인을 끊임없이 평가하는 동시에 긍정적인 것과 부정적인 것을 아주 다르게 인식하는데, 부정적인 것은 긍정적인 것에 비해 모든 측면에서 눈에 더 잘 띄며 결정적이고 극단적이다. 뇌에서 이러한 평가가 끊임없이 일어나고 있기 때문에 인간관계에 있어 좋고 나쁨을 가려 반응하는 것도 부지불식간에 일어난다.

사람들은 칭찬을 받으면 기분 좋아하는 것에서 끝나지만 비난을 받으면 오래도록 또렷하게 기억한다. 누군가 자신에게 한 나쁜 소리는 토씨 하나 틀리지 않고 다 기억하는 것이다. 변화에는 시간이 필요하다는 것을 간과한 채 타인의 잘못된 점만 늘어놓으면 지적받은 사람은 기분 나쁠 뿐만 아니라 좌절감에 빠질 수도 있고, 그런 것이 반복되다 보면 관계 또한 나빠진다.

어쩔 수 없이 타인의 안 좋은 부분을 지적할 때에는 즉각적인 변화를 요구하기보다는 충분히 받아들이고 생각하고 변화할 시간을 준 다음 다시 이야기함으로써 남에 의해서가 아닌 스스로 변했다는 인식을 주는 것이 필요하다.

그럼 칭찬은 어떨까? 나는 누가 나에게 칭찬을 하면 쑥스러워서 어떻게 반응해야 할지 몰라 쭈뼛거리는 경우가 있다. 기분 좋은 일이긴 하지만 칭찬은 어떻게 하느냐에 따라 진심이 아니게 보일 수도 있기 때문에 좋은 칭찬이야말로 표현 전략이 필요하다. 칭찬할 때는 다른 사람들은 미처 생각하지 못한 부분을 섬세하게 관찰해 그 부분을 칭찬해야 깊은 인상을 남길 수 있다.

사람은 인정받는 만큼 용기와 자신감이 생긴다지만 타인에 대한 객관적인 평가는 꼭 필요한 걸까? 남들이 하는 자기 평가를 받아들이기 위해서는 상당히 인내심이 필요하다. 사람들이 평가하는 기준과 동기가 저마다 다르고 목적이 불분명하기 때문이다.

아이러니하게도 호감과 능력은 정비례하지 않는다. 사람들은 잘난 척하는 사람보다는 겸손한 사람에게 호감을 표하면서도 능력은 왠지 낮게 평가하는 것을 보면 오히려 잘난 척을 하거나 당당해 보이는 사람을 더 유능하게 보는 것일지도 모른다.

사람에게서 호감을 얻거나 자신이 얼마나 능력 있어 보이는가에 관심이 없다면 자신을 늘 자책하고 타인을 칭찬하면 된다. 그러나 타인에게서 호감을 얻지 못하면 자신이 능력 있다고 생각해도 다른 사람들은 칭찬하거나 인정해주지 않는다. 다른 사람들과 공존하며 인정받고 살기 위해서는 자신감을 강화시켜야 한다.

사람의 성격은 크게 두 가지로 나눌 수 있는데 외향적인 사람과 내향적인 사람이 있다. 외향적인 사람은 사교성이 풍부해서 어디서나 친숙한 면모를 발휘한다. 사람들이 많이 모인 자리에서 활발하게 소통하길 원하고, 관계에 있어 설득력을 발휘하며, 경쟁에서 지기 싫어한다. 반면 내향적인 사람은 자신의 마음을 드러내거나 적극적인 표현을 잘하지 않고 소극적이며 사람들을 많이 사귀는 것보다 혼자 있는 시간을 즐긴다. 이렇게 형성된 개인의 특성은 좀처럼 변화하지 않는다. 이처럼 몇 가지 성격 특성만 파악하면 거의 상대방의 생각과 태도를 쉽게 예측할 수 있는데 유형에 따른 대응 방안을 찾아보자.

사람은 자신과 비슷한 사람과 있을 때 자존감이 올라간다. 유사성의 효과로 인해서 사람들은 성격이 비슷한 사람에게 긍정적인 감정을 가질 뿐만 아니라 유대감 같은 것도 생긴다고 한다. 사람은 누구나 다른 관점에서 세상을 보기 때문에 서로를 이해하지 못하는 문제가 발생한다.

상대방과의 첫 만남에서 성향이 다른 사람을 보면 맞춰가야겠다고 생각하는 사람이 있고 아예 어울리지 않는 사람이니 여기까지야 라고 생각하는 사람이 있다. 이처럼 사람은 있는 그대로의 나를 좋아하는 사람과 나를 버리고 자신에게 맞추길 원하는 사람이 있는데 누구든 자신에게 맞춰 주는 것이 나를 좋아하고 존중해주는 것이라 여긴다. 우울할 땐 나보다 더 우울한 사람을 보는 것이 위로가 되고, 전문가라 불리는 순간 전문성이 생겨나는 것처럼 어떤 관점에서 바라보고 표현하느냐가 관계에 영향을 미친다.

자신의 본모습에 충실하면서도 유형이 다른 사람과 만날 때는 그 사람의 성격에 맞춰서 말하고 행동하는 배려를 갖다 보면 인간관계는 훨씬 여유로워진다. 사람이란 복잡한 존재이기 때문에 지속적으로 기분이 좋게 만들고 자신을 신뢰하고 협력하는 사람을 좋아하는 것은 당연하다. 누가 나에게 뭐라고 하는 것에 아직도 귀가 쫑긋 서는가? 내가 들어야 하는 건 내 마음에서 내가 내는 소리다. 내가 나를 먼저 인정해 줄 수 있어야 다른 사람의 인정도 가능하다.

07

사귀기 힘든 사람, 떠나기 힘든 사람

    사람은 상황에 따라 성장 속도가 달라진다. 인간관계에서 거리를 적절히 두고 지내면 큰 갈등은 없겠지만 가까워질수록 드러나는 상처가 많아진다. 나는 그동안 수없이 도망쳤다. 이제는 더 갈 데가 없다는 생각이 들어서인지, 아니면 이대로 멈춰서기에는 그동안의 노력이 너무 아깝다는 생각이 들어서인지, 자기연민인지는 모르지만 이제 난관이 생기면 피하지 않고 부딪혀 이겨내고 싶다.

    인생은 혼자 사는 것이 아니기에 상대방이 소중히 여기는 것을 내가 등한시하면 그 대가는 크다. 우리가 살아가면서 놓친 게 있다면 바로 잡고 소중한 상대에게 오해한 것이 있다면 때로는 엉킨 실타래를 풀지 않으면 통째로 잘라버려야 하듯 잘 풀어야 한다.

우리는 관계에서 생기는 갈등의 방법을 해소하는 것을 알면서도 잘 하려 하지 않는다. 자존심 때문일까? 대부분이 자기만의 방식으로 자신보다는 남을 탓하거나 과거 내 안에 상처 때문이라고 정당화시키고 싶어 한다. 그러나 사람과의 관계를 오래 이어 나가려면 넘겨짚는 태도를 지양하고 상대의 드러내지 않는 마음에 관심을 두고 들여다보며 좋은 관계를 위해 노력하는 것을 소홀히 하면 안 된다.

인간관계에서는 어떠한 형태든 조건이 따른다. 사람들은 인연을 맺기 위해서 상대방이 요구하는 자격을 갖추기를 끊임없이 요구받는데, 자신이 존재 가치를 인정받으려면 무엇이든 성과를 내야 하기 때문에 사람들은 나보다 앞서가는 사람을 질투하거나 내 뜻과 맞지 않는 사람을 미워하면서 나보다 나은 누군가를 향해 시기와 분노를 표출하기도 한다. 그렇게 경쟁하듯 살다가 어느 날 생각지도 않은 누군가에게 나의 모든 것을 온전히 이해받는 듯한 경험을 해보았는가? 그런 사람이 눈앞의 이 사람밖에 없을 것 같지만 그것은 어느 정도의 거리가 있을 때 생기는 마음이거나 동고동락의 긴 세월을 통해 가질 수 있는 경험 중 하나다. 사람이 자신에 대한 부족함이나 상대에게 느끼는 열등감을 비교라는 포장지로 잘 쌓아 여기에 절박함이라는 예쁜 리본을 달 수 있다면 자신이 생각한 것보다 더 큰 성과를 내는데 굉장한 선물이 된다.

우리가 누군가를 사랑하면 상대의 부족한 부분은 잘 보이지 않고 보인다고 해도 핑곗거리를 찾으며 눈 감아주듯이 사람들은 누구나 각자 다른 방식으로 세상을 살아간다.

인간관계는 이렇듯 다른 개인의 특성과 경험에 깊이 영향을 받는다. 사람을 떠나보내는 것을 두려워하는 유형과 사람을 사귀기 어려워하는 유형은 그 원인과 대처 방법이 다르다. 이 두 유형을 이해하고 효과적으로 대처하는 방법을 알아보자

사람을 떠나보내기 두려워하는 유형
· 원인: 불안정한 애착 스타일은 타인과의 분리에 대한 과도한 불안을 유발할 수 있고, 과거에 겪은 상실이나 헤어짐의 경험이 트라우마로 작용해 두려움을 증폭시킬 수 있다. 자신의 가치를 타인과의 관계에 과도하게 의존하는 경우, 그 관계가 끝날 때 자신의 가치도 손상될 것이라고 느낄 수 있다.
· 대처법: 전문적인 심리 치료를 통해 애착 스타일을 이해하고, 과거의 상실 경험을 치료하는 것이 도움이 될 수 있

다. 자신의 가치와 자존감을 강화하고, 자신의 행복이 다른 사람에게만 의존하지 않도록 하자. 건강한 서로의 경계를 설정하고, 독립적인 취미나 관심사를 개발하여 다른 사람에 대한 의존도를 줄이는 것도 중요하다.

사람을 사귀기 어려워하는 유형

· 원인: 다른 사람과 교류할 때 불안을 느끼며, 이로 인해 사회적 상황을 회피하게 된다. 자신이 타인에게 매력적이지 않다거나, 사회적 기술이 부족하다고 느끼는 경우와 과거에 사회적 거부나 놀림을 경험했을 경우, 이러한 부정적인 경험이 새로운 관계 형성을 어렵게 만들 수 있다.

· 대처법: 사회적 기술을 향상시킬 수 있는 워크숍이나 그룹 치료에 참여하여 대인관계 기술을 연습하고 향상시킨다. 소규모 그룹에서 시작해서 점진적으로 사회활동에 참여하도록 하여, 서서히 자신감을 쌓아가보자. 자신에 대한 긍정적인 대화를 통해 자기 이미지를 개선하고 자신감을 높이자. 자신이 가진 장점을 인식하고 이를 강화하는 연습을 지속적으로 하면 좋다.

인간관계는 늘 같을 수 없다. 내가 인복이 있다고 해서 항상 좋은 사람들만 만나는 것도 아니다. 때때로 관계는 변화하며, 어떤 사람은 우리 삶에서 떠나가고, 새로운 사람이 우리 삶에 인기척 없이 들어오기도 한다. 뜻하지 않게 나의 정서적 안정과 사회적 상호작용에 큰 영향을 미칠 수 있기 때문에 지금부터는 나를 떠난 사람과 나에게 오는 사람에 대한 효과적인 대처법을 살펴보자.

나를 떠나는 사람에 대한 대처법

· 감정 관리: 누군가가 당신의 삶에서 떠날 때, 그 이유와 상황을 이해하려고 노력해보자. 분노나 슬픔과 같은 감정은 자연스러운 반응이지만, 이를 건강하게 처리하는 것이 중요하다.

· 대화 유지: 가능하다면, 상호 존중을 기반으로 한 대화를 유지하려고 노력해보자. 사람들은 여러 가지 이유로 나를 떠날 수 있다. 이별이 반드시 적대적이어야 하는 것은 아니다.

· 경험에서 배우기: 모든 인간관계에는 배울 점이 있다. 관계가 끝났다면, 그 경험에서 얻을 수 있는 것의 긍정적인 면만 볼 수 있도록 노력하자.

· 포용과 용서: 관계가 끝났다고 해서 모든 추억이 부정적인 것은 아니다. 좋았던 기억을 소중히 하고, 필요하다면 용서하고 내적 평화를 찾는 것이 나를 위해 좋다.

나에게 오는 사람에 대한 처세법

· 개방성 유지: 새로운 사람을 맞이할 때는 열린 마음을 유지하자. 상대의 배경, 관심사, 그리고 견해에 대해 받아들이려는 자세가 중요하다.

· 신뢰 구축: 신뢰는 모든 건강한 관계의 기초다. 작은 약속을 지키고, 솔직함을 유지하며, 일관된 행동을 보임으로써 신뢰를 차곡차곡 쌓아가자.

· 공통점과 차이점 존중: 공통된 관심사가 관계를 강화할 수 있지만, 차이점 또한 관계를 풍부하게 만든다. 서로의 차이를 인정하고 존중하는 것이 필요하다.

· 경계 설정: 건강한 관계는 적절한 경계 설정에서 시작된다. 자신과 타인에 대한 기대치를 명확히 하고, 이를 존중받는 것이 중요하다.

나를 떠나간 사람에게서는 감정을 관리하고 배움을 얻으며, 새롭게 다가오는 사람에게는 개방성과 신뢰를 기반으로 관계를 형성하는 것이 중요하다. 이러한 접근 방식을 통해 우리는 더욱 건강하고 의미 있는 인간관계를 유지할 수 있다.

08

나를 대하는 태도가 달라졌다

인간관계에서 무례함을 느끼거나 누군가 존중받지 못하는 느낌을 받을 때가 있다. 이는 상처로 남기도 하고 나의 멘탈을 더욱 단단하게 만들어주는 계기가 되기도 한다. 물론 나의 행동이 누군가에겐 무례하게 느꼈을 수도 있다. 살다 보면 정말 다양한 사람들과 다양한 경험을 주고받게 되는데 이과정에서 서로의 말과 행동에 대한 반응이 상황에 따라 달라지는 경우가 많다. 나는 예전과 같이 행동하고 말하고 있는데 나에 대한 태도가 달라진 것이다. 왜 나를 대하는 방식이 달라졌을까?

신뢰와 존경의 변화

첫 번째로 생각해볼 수 있는 요인은 신뢰와 존경의 변화다. 관계의 본질은 상호 신뢰와 존경에 기초하는데 내가 예전과 같은 말을 하고 있음에도 불구하고, 상대방이 이를 받아들이는 방식이 달라졌다면, 이는 그들이 나에 대한 신뢰나 존경심에 변화가 생겼기 때문일 수 있다.

예를 들어, 과거에 어떤 약속을 지키지 못했거나 실망스러운 행동을 했다면, 상대방은 내 말을 이전처럼 신뢰하지 않을 수 있다. 신뢰는 한 번 깨지면 회복하기 어렵기 때문에, 상대방의 반응이 달라진 것은 자연스러운 일이다. 이 경우, 내 말을 듣는 태도가 달라진 이유는 상대방의 신뢰를 회복하기 위해 내가 해야 할 노력이 부족했기 때문일 수 있다.

환경과 상황의 변화

두 번째 요인은 환경과 상황의 변화다. 사람들은 다양한 환경과 상황에서 다른 반응을 보인다. 예를 들어, 직장에서의 대화와 가정에서의 대화는 전혀 다를 수 있는데 내가 동일한 이야기를 하더라도, 상대방이 그 말을 받아들이는 방식은 그들의 현재 상황과 감정 상태에 크게 좌우된다.

최근 들어 주변 환경이나 상황이 크게 변화했다면, 내 말에 대한 반응 역시 달라질 수 있다. 예를 들어, 상황적으로 스트레스가 많아진 동료는 내 말을 예전처럼 여유 있게 듣지 못할 수 있다. 이 경우, 내가 바뀐 것은 아니지만, 상대방의 환경 변화가 그들의 반응에 영향을 미친 것이다.

커뮤니케이션 스타일의 변화

세 번째 요인은 커뮤니케이션 스타일의 변화다. 시간이 지나면서 우리는 자신도 모르게 커뮤니케이션 스타일이 변할 수 있다. 예를 들어, 나이가 들면서 더 권위적으로 말하게 되거나, 반대로 더 조심스럽게 말하게 될 수 있는데 이런 변화는 상대방이 내 말을 듣는 태도에 영향을 미칠 수 있다.

내가 예전과 같은 주제를 이야기하더라도, 전달 방식이 달라졌다면 상대방은 이를 다르게 받아들일 수 있다. 내가 더욱 강한 어조로 이야기한다면, 상대방은 이를 명령으로 받아들일 수 있고, 반대로 너무 조심스럽게 이야기한다면 진정성을 의심할 수도 있다. 커뮤니케이션 스타일의 변화는 미묘하지만, 그 영향은 상당할 수 있다.

상대방의 변화

네 번째 요인은 상대방의 변화다. 사람들은 시간이 지나면서 성장하고 변화한다. 이는 그들의 가치관, 태도, 우선순위 등이 달라짐을 의미하는데 내가 동일한 이야기를 하더라도, 상대방의 변화된 가치관이나 태도에 따라 반응이 달라질 수 있다.

예전에는 내가 하는 조언을 고맙게 받아들였던 친구가 이제는 스스로 문제를 해결하고자 하는 강한 의지를 가지게 되었다면, 내 조언을 이전처럼 받아들이지 않을 수 있는데 이는 내가 아닌, 상대방의 변화로 인해 발생하는 현상이다.

내면의 변화와 자기인식

마지막으로, 내면의 변화와 자기인식도 중요한 요인이다. 스스로 변하지 않았다고 생각할 수 있지만, 내면 깊숙이에서 작은 변화들이 일어나고 있을 수 있고 이러한 변화는 우리의 말과 행동에 영향을 미치고, 결국 주변 사람들의 반응에도 영향을 미칠 수 있다. 자기인식은 이처럼 우리가 어떻게 변화하고 있는지를 이해하는 데 중요한 역할을 한다. 내가 예전과 다름없이 행동한다고 생각하더라도, 내면에서 어떤 변화가 일어나고 있는지 스스로 점검해볼 필요가 있다. 이는 명상, 일기 쓰기, 상담 등을 통해 가능하며, 이러한 자기인식을 통해 우리는 주변 사람들의 반응 변화를 이해할 수 있다.

결론적으로, 나는 변하지 않았다고 생각할 수 있지만, 내 말을 듣는 타인의 태도가 달라진 이유는 나에 대한 신뢰와 존경의 변화, 환경과 상황의 변화, 커뮤니케이션 스타일의 변화, 상대방의 변화, 그리고 내면의 변화와 자기인식 등 다양하고 복합적이다. 이러한 변화를 이해하고, 그에 따라 적절히 대처하는 것이 중요한데 상대방과의 관계를 회복하고 개선하기 위해서는 신뢰를 다시 쌓고, 상대방의 상황을 이해하며, 자신의 커뮤니케이션 스타일을 점검하고, 자기인식을 통해 내면의 변화를 인지하는 노력을 통해 우리는 주변 사람들과의 관계를 더욱 원활하게 유지할 수 있으며, 이를 긍정적으로 받아들이고 성장의 기회로 삼을 수 있다.

모든 변화는 자연스러운 과정이며, 이를 이해하고 수용하는 나의 태도가 중요한 것이다. 나는 그대로인 것처럼 느껴질 수 있지만, 사실은 많은 변화를 겪어왔고 내가 성장하고, 행동과 태도를 바꾸며, 결과물로 나의 능력을 증명하고, 일관된 노력과 성실함을 보여주는 것으로 주변 사람들의 인식을 바꿀 수 있다. 중요한 것은 자신을 믿고 꾸준히 노력하며, 긍정적인 태도로 사람들과 소통하는 것인데 그러한 노력이 결국 우리를 더욱 빛나게 만들 것이다.

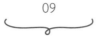

09

나는 이대로 충분한가

'충분함'이란 각 개인이 느끼는 만족과 성취의 감정이다. 이는 매우 주관적인 개념으로, 각자가 가진 가치관과 목표에 따라 달라질 수 있기 때문에 사회적 기준과 비교했을 때 우리가 스스로 충분하다고 느끼는 것은 매우 어려운 일일 수 있다. 그러나 중요한 것은 우리가 스스로를 어떻게 평가하는가인데, 스스로에게 충분한지에 대한 판단을 외부의 기준이 아닌, 자신의 내면적 기준으로 내려야 한다. 그렇다면 어떤 방식으로 기준을 삼아야 할지 알아보자.

우선 다른 사람과의 비교에서 벗어나야 한다. 우리는 흔히 다른 사람과 자신을 비교하면서 자신의 가치를 평가한다. 이는 사회적 기대와 경쟁의식이 강한 현대 사회에서 더욱 두드러지는데 이러한 비교는 우리의 자아 존중감을 해치고, 무기력감을 유발할 수 있다. 우리는 각자의 고유한 장점과 가치가 있다는 것을 인식하고, 다른 사람과의 비교에서 벗어나 스스로를 있는 그대로 받아들이는 연습이 필요하다.

그리고 자신의 가치를 재발견해야 한다. 자신의 가치를 재발견하는 것은 '나는 이대로 충분한가?'라는 질문에 대한 긍정적인 답을 찾는 과정이다. 우리의 삶에서 이루어낸 작은 성취들, 성격의 장점, 그리고 자기가 소중히 여기는 가치들을 다시 한번 돌아볼 필요가 있다. 이러한 과정은 자신의 자아 존중감을 높이고, 삶에 대한 만족도를 증가시킬 수 있다.

자기계발을 위한 실천 방안

자기계발을 위해서는 작은 목표를 설정하고 이를 달성해 나가는 것이 중요하다. 이는 우리의 자신감을 높이고, 더 큰 목표를 향해 나아갈 수 있는 동기를 부여한다. 작은 목표를 통해 우리는 점진적으로 변화를 만들어 나갈 수 있으며, 이는 우리의 삶에 긍정적인 영향을 미친다.

· 지속 가능한 변화 만들기

어떤 방향으로든 누군가 변화하는 것은 정말 쉽지 않은 일이지만 일시적인 것이 아닌, 지속 가능한 것이 되어야 한다. 우리의 생활 습관, 사고 방식을 조금씩 변화시켜 나가며, 그것이 일상에 자연스럽게 자리 잡을 수 있도록 해야 하는데, 꾸준한 노력과 자기관리가 필요하며, 장기적인 관점에서의 목표 설정이 꼭 필요하다.

· 자기계발을 위한 도구와 자원 활용

나 자신이 뭔가 변화하고 발전해야겠다고 마음 먹었다면 주변의 다양한 도구와 자원을 최대한 활용하여 자신의 성장과 발전을 도모할 수 있다. 예를 들어, 자기계발 서적, 온라인 강의, 멘토링 프로그램 등을 통해 지식과 능력을 확장할 수 있고, 명상이나 운동과 같은 활동을 통해 정신적, 신체적 건강을 유지하는 것도 중요하다.

'나는 이대로 충분할까?'라는 질문은 번아웃과 무기력에서 벗어나기 위한 자아성찰과 자기계발을 위해 꼭 필요하다. 자신의 현재 상태를 이해하고, 사회적 기대와 비교하여 자신의 가치를 재발견하며, 지속 가능한 변화를 통해 더 나은 자신을 만들어 나가는 과정은 결코 쉽지 않다. 그러나 이를 통해 우리의 삶에 대한 만족도와 행복감을 높일 수 있으며, 진정으로 우리가 원하는 삶을 살아갈 수 있는 길을 찾을 수 있다.

번아웃과 무기력감이 나를 휘감아도 자신이 충분히 가치 있고, 충분히 소중한 존재임을 잊지 말아야 한다. 사람은 누구나 각자 고유한 장점과 가능성을 가지고 있으며, 이를 발견하고 발전시켜 나가는 과정에서 진정한 행복을 찾을 수 있다. "나는 이대로 충분할까?"라는 질문에 대한 답은 결국 스스로에게 달려 있다.

당신은 정말 소중한 존재이며, 충분히 잘하고 있다.

10

고민하지 마라

　고민의 정의는 자기 힘으로는 어떻게 풀 수 없는 문제를 말한다. 마냥 행복해 보이기만 하는 누구도 하나쯤 고민은 있다. 하지만 그것이 무엇이든 시간이 지남에 따라 해결되는 것이 대부분이지 평생토록 하는 고민이라는 건 세상에 없다. 지금 하고 있는 고민도 1년 뒤에는 그게 무엇 때문이었는지 생각조차 안 날 수도 있다. 내가 잘하는 게 하나도 없이 느껴지고, 정말 무능력한 사람이라는 생각이 들어도 자책만 할 필요가 없다. 그럼에도 불구하고 실제로 뭔가 하고 있기 때문에 생기는 감정이고 그럼에도 시간은 흐른다. 인간에게는 자신이 생각하는 것을 끌어당기는 힘이 있다. 도저히 찾을 수 없는 문제에 대해서 더 이상 고민하지 않으면서 어떤 상황에 부딪히던 행복하게 생각하자. 시련은 나를 성장 시키기 위해 하늘이 준 기회라 여기면 문제는 더 간단해진다.

문제가 발생했다는 것은 자신을 한 단계 성장 시켜 주기 위해서 하늘의 기회를 준 것이다. 오히려 고마워하자.

살면서 고생을 해보지 않은 사람은 정이 없다. 경험을 통해 뭔가를 배우는 존재인 인간은 과거의 경험으로부터 배움을 얻고 스스로 성장해 나가고 행복을 깨달아 간다. 자신이 직접 행동하고 문제가 생기면 그로부터 배우고 스스로 개선 시키고 다시 체험을 통해서 배우는 과정을 반복하며 나가서는 이 문제를 어떻게 극복하면 좋은 일이 생긴다는 생각을 하는 자신을 발견하게 될 수 있다.

'젊을 때 고생은 사서도 한다'라는 말이 있지만 사서 고생 할 필요는 없다. 자신이 잘하는 일을 해도 뭔가 일이 잘 풀리지 않는다면 그것은 자기가 하는 방식이 잘못 되었기 때문에 밀고 나가는 것이 아니라 돌아가거나 멈출 수 있어야 한다. 원래 행복의 기준은 사람마다 다르다. 인간은 그저 가만히 있어도 살아갈 수 있는 존재는 아니다. 행복은 도로를 달리는 자동차와 같다. 자동차 네 바퀴 중 어느 하나 고장 난 것이 없어야 제대로 속력을 내서 달려가는 것처럼 행복하기 위해서는 나를 이루는 몇 가지의 요소들이 탄탄하게 주입되어 있어야 안전하게 목적지까지 갈 수 있는 것이다. 삶이란 것은 결코 평탄한 길만 있는 게 아니다. 오르막도 있고 내리막도 있고 상황에 따라 앞으로 가기도 하고 뒤로 가기도 하고 양보를 하기도 한다. 노선이 바뀔 수도, 타인으로 인해 사고가 날 가능성도 있지만 주행 차선을 정속으로 달리다 때로는 추월차선을 달리면서 내 의지대로 운전대를 움직일 수 있는 사람만이 결국 성공한다. 권력도 부도 사랑도 가져 본 사람이 더 가지려고 안달을 한다. 필요 없는 것까지 움켜쥐고 많이 가지려 하면 고통이 생긴다. 무엇이 됐든 자기한테 필요한 것을 자꾸 얻으려고만 하면 오히려 고통받는 법이다.

자신을 내버려두라는 것은 자포자기 상태가 되라는 뜻이 아니다. 내 상태를 제대로 바라보자. 누구나 살면서 불안이 있는 게 정상이지만 지금 살고 있는 일상이 만족 없이 무조건 싫고 못마땅하다고 생각하는 순간 고통이 찾아온다. 끊임없이 남의 삶을 기웃거리며 그렇게 살지 못하는 자신을 자책하고 한심하게 여기다 그마저 포기하게 되어 더 비참해지고 무기력한 삶을 살게 되는지도 모른다. 그러니 주어진 상황을 무작정 싫어하지 말고 즐겨 보자. 그저 싫다는 생각으로는 아무것도 해결되지 않는다. 나 자신이 완벽하지 않음을 인정하고 이 상황에서 내가 할 수 있는 일이 무엇인지를 찾고 하나씩 즐거움으로 채워가다 보면 인생이 즐거워진다. 때로는 달리는 경주마처럼 앞만 보자.

결국 인생은 우리가 매 순간을 어떻게 받아들이고 즐기느냐에 달려 있다. 지나친 고민은 현재의 행복을 앗아갈 뿐만 아니라, 우리의 삶을 불필요한 불안과 스트레스로 가득 채운다. 때로는 계획을 세우고 준비하는 것이 필요하지만, 그보다 중요한 것은 우리의 마음가짐이다. 매 순간을 소중히 여기고, 예상치 못한 상황에서도 긍정적으로 받아들이는 태도가 우리의 삶을 더욱 풍요롭게 만들어준다.

그러니 인생에서 너무 고민하지 말고, 주어진 순간을 최대한 즐기자. 완벽하지 않아도 괜찮다. 실수도 배우고 성장할 수 있는 기회이다. 잘살고 못사는 기준에 대한 답은 없다. 다만 어떻게 사는 것이 옳고 그름을 따지는 것보다는 어느 쪽이 내 마음이 즐거운가를 기준으로 삼는 것이 좋다. 삶은 단한 번뿐이니, 지금 이 순간을 살아가며 진정한 행복을 찾아보자.

4장

그래도 계속

나아가야 하는 이유

. . .

01

원하는 것을 이루기 직전이
가장 힘들다

우리가 원하는 그 자리까지 갈 수 있었던 과거의 크고 작은 이유들을 설명하기 위해서는 지금껏 해왔던 일을 멈춰서는 안 된다. 그러나 자꾸만 걸림돌에 부딪힐수록 내 안에서 희망을 찾거나 세상에 의미 있는 변화를 만들어낼 수 있다는 자신감을 갖기가 힘들어진다. 이미 잃어버린 것들에 대한 좌절감과 더 나아갈 수 없을 것 같은 무기력이 나를 뒤덮어 손발을 묶어버린다.

세상이 너무 힘들다고 느껴질 때 직면한 두려움보다 중요하지 않은 것들에 나를 맡겨보자. 나의 부족함에 대한 실망과 걱정, 좌절감보다 일상의 사소한 것들에 나를 맡기며 아무 생각 없이 지내보는 것은 때로는 새로운 방향으로 숨통을 트게 해준다.

이게 아니면 안 될 것 같아서 내달리다 보면 늘 나에게 있어줄 것 같던 무언가를 잃게 될지도 모른다. 나도 모르는 사이에 잃어버린 게 무엇인지 알아차릴 수 있다면 아직 그것을 되찾을 수 있는 기회가 있다는 의미기도 하다.

처음 접하거나 익숙지 않은 모든 것은 강렬한 끌림이 없다면 어색하게 느껴진다. 세상엔 내가 해결하지 못할 것 같은 문제는 많다. 눈앞에 커다란 문제가 생기면 어제까지 신경 썼던 사소한 일들이 무엇이었는지는 생각도 나지 않는다.

무엇이든 코앞에 들이대면 형체조차도 무엇인지 알 수가 없어 조바심이 나는 것처럼 모든 것이 내 생각과 다르게 벌어짐으로 인해 두렵고 막막할 때는 오히려 대면하지 말고 한 발짝 떨어져서 전혀 상관없는 양 바라보아야 전체적인 윤곽이 보이기 시작한다. 큰 문제 옆에 작은 문제를 두면 다루기가 좀 더 쉬워진다는 사실을 깨닫는 데 그리 긴 시간이 걸리지 않는다.

사람들은 누구나 목표를 가지고 그것을 향해 나아간다. 그 과정에서 수많은 시련과 도전을 경험하지만, 원하는 것을 이루기 직전에 겪는 고통과 어려움은 그 무엇보다 강렬하고 힘들다. 마치 마라톤의 마지막 1km가 가장 고통스럽듯이, 마지막 관문을 넘기 직전의 압박감과 불안함은 도전자의 인내와 의지를 시험한다. 그렇다면 이러한 마지막 고비에서 느껴지는 힘듦이 왜 존재하는지, 그리고 이를 극복하는 방법에 대해 알아보자.

1. 불확실성의 증가

목표에 가까워질수록 최종 결과에 대한 불확실성이 커진다. '잘 될까?'라는 질문이 머릿속에서 맴돌며, 그에 따른 불안감이 늘어난다. 예를 들어, 졸업을 앞둔 대학생이 취업 면접을 앞두고 느끼는 불안감이나 창업자가 투자 유치를 앞두고 겪는 긴장감은 목표에 가까워진 만큼 더 커진다.

2. 심리적 압박감

마지막 고비에서는 심리적인 부담이 배가된다. 기대와 희망, 그리고 실패에 대한 두려움이 복합적으로 다가오기 때문이다. 예를 들어, 올림픽 금메달을 꿈꾸는 선수가 결승전 직전에 느끼는 압박감은 이루 말할 수 없다. 자신을 향한 기대뿐만 아니라 주변의 응원과 지원에 보답해야 한다는 생각이 심리적인 부담으로 작용한다.

3. 피로 누적

긴 시간 동안 노력해온 만큼 피로와 지침이 누적되어 마지막에 다다를수록 의지가 약해질 수 있다. 이는 단순히 육체적인 피로뿐만 아니라 정신적, 정서적인 피로까지도 포함한다. 장기 프로젝트를 진행하는 사람들이 마지막에 번아웃을 경험하는 것도 이러한 이유 때문이다.

4. 실수와 실패에 대한 두려움

목표에 가까워질수록 사소한 실수조차도 치명적으로 다가온다. 최종 발표를 앞둔 발표자나 중요한 승부를 앞둔 운동선수는 작은 실수도 치명적인 결과를 초래할 수 있다는 생각에 사로잡히게 된다. 이러한 두려움은 스스로를 옥죄어 심리적 압박감을 키우고 목표 달성을 더욱 어렵게 만든다.

그렇다면 중간에 포기하지 않고 목표를 이루기 위한 전략을 알아보자.

1. 현실적인 계획 수립

마지막 고비에서 오는 불안과 압박감을 줄이기 위해서는 현실적인 계획 수립이 중요하다. 남은 시간을 고려하여 각 단계별로 해야 할 일을 정리하고 우선순위를 매기는 것이 도움이 된다. 이를 통해 불안감을 구조화하고, 구체적인 행동 계획을 세우는 데 집중할 수 있다.

2. 긍정적인 자기 대화

마지막 고비에서는 자기 자신을 믿는 것이 가장 중요하다. 긍정적인 자기 대화는 스스로에게 힘을 북돋우고 자신감을 회복하는 데 효과적이다. 예를 들어, "나는 할 수 있다.", "이전에도 해냈듯이 이번에도 할 수 있다."와 같은 긍정적인 말로 자신을 격려해야 한다.

3. 작은 성취를 통해 동기 부여

작은 성취를 통해 자신에게 동기를 부여하는 것도 중요한 전략이다. 목표가 너무 멀리 느껴질 때는 작은 단위로 나누어 달성해 나가는 것이 좋다. 예를 들어, 논문을 완성하기 전까지 각 장을 작성하면서 성취감을 얻거나, 마라톤에서 중간 목표 지점을 정해 그곳에 도달할 때마다 보상을 받는 방법 등이 있다.

4. 휴식과 자기관리

마지막 고비에서 과도한 긴장과 피로 누적은 최악의 결과를 초래할 수 있다. 이러한 상황을 방지하기 위해서는 적절한 휴식과 자기관리가 필요하다. 명상이나 가벼운 산책, 취미 생활을 통해 스트레스를 해소하고 재충전하는 것이 중요하다.

5. 지인 활용

주변의 지지와 격려는 마지막 고비를 넘는 데 큰 힘이 된다. 가족, 친구, 동료 등 가까운 사람들에게 도움을 요청하고 지지받는 것을 주저하지 말아야 한다. 때로는 전문가의 조언이나 상담을 통해 심리적 어려움을 극복할 수 있다.

6. 실패에 대한 관점 변화

실패에 대한 두려움을 극복하려면 실패 자체에 대한 관점을 바꿔야 한다. 실패는 결코 끝이 아니라 과정의 일부이며, 더 나은 결과를 위한 배움의 기회로 봐야 한다. 실패를 두려워하지 않고, 오히려 배움의 기회로 받아들인다면 심리적 압박감이 줄어들고 더욱 여유롭게 도전할 수 있다.

목표에 가까워질수록 불안과 두려움, 압박감은 점점 배가되어 우리의 인내와 의지를 시험한다. 하지만 이 마지막 고비를 극복하면 원하는 것을 성취했을 때의 기쁨과 보람은 더욱 커진다. 현실적인 계획 수립, 긍정적인 자기 대화, 작은 성취를 통한 동기 부여, 휴식과 자기관리, 지원 시스템 활용, 실패에 대한 관점 변화 등 다양한 전략을 통해 마지막 고비를 넘길 수 있다. 이 모든 과정은 결국 성장과 발전을 위한 것이며, 최종 목표를 달성하는 데 필수적인 요소이다. 인생의 목표는 단순히 원하는 것을 이루는 것이 아니라, 그 과정에서 자신을 더욱 단단하게 만들어가는 데 있다. 원하는 것을 이루기 직전의 힘든 순간도 성공의 일부분으로 받아들이고, 이를 통해 더 나은 자신으로 성장하는 기회로 삼아야 할 것이다. 마지막 고비를 넘어섰을 때, 우리 앞에 펼쳐질 새로운 가능성과 성장의 기쁨을 기대하며 힘든 순간을 잘 이겨내길 바란다.

02

자존감을 높이기 위한 이미지

그 자리에 존재하는 것만으로도 아름다운 사람이 있다. 이런 사람들은 자신의 아름다움으로 사람을 끌어당기기도 하지만 차마 다가서지 못하게 하는 차가움도 동시에 지닌다. 아름답다는 것은 큰 장점이고 무기인 동시에 그가 가진 전문성을 가리고 대중성을 거부하는 아킬레스건이 되기도 한다.

사람들은 이성의 아름다움을 동경하고 거기에 매료되지만 동성일 경우 적대시하고 부정적인 반응을 보이기 일쑤다.

만나는 모든 사람에게 '스타일이 멋지다', '개성이 넘친다'는 칭찬을 듣는다는 것은 쉬운 일이 아니다. 스타일에 대한 칭찬은 단지 미인이고 아름답다는 말보다 훨씬 많은 것을 내포한다.

외모와 상관없이 자존감이 낮아지는 데에는 여러 가지 이유가 있다. 먼저 그 이유를 이해하는 것이 중요하고, 이를 극복하기 위해 어떤 노력을 기울여야 하는지도 함께 알아보자.

1. 과거의 상처와 트라우마

어린 시절이나 과거에 받은 상처, 부정적인 경험이 현재의 자존감에 영향을 미칠 수 있다. 예를 들어, 부모님이나 교사로부터 지나친 비판을 받거나 과도한 기대에 부응하지 못했던 경험들이 지금의 부정적인 자기인식을 만들어냈을 수 있다.

이런 경우 과거의 상처가 현재의 자존감을 해치고 있다면, 그때 자신에게 일어났던 일들을 돌아보는 과정이 필요하다. 그런 상처로 인해 고통받은 자신을 용서하고 그 시절의 자신을 이해하는 노력이 중요한데 "그때의 나는 그럴 수밖에 없었다"라고 자신에게 말해주고 현재의 자신을 수용해보자.

2. 비교 의식과 사회적 압박감

주변과 비교하면서 자신의 성과나 모습이 충분하지 않다

고 느낄 때 자존감은 크게 흔들린다. 특히, SNS나 미디어를 통해 타인의 성공을 보게 되면 스스로를 평가절하하게 되기 쉽다.

이런 경우 타인과 비교하지 말고 '어제의 나'와 비교하는 습관을 들이자. 남과 비교하는 대신 자신이 하루하루 조금씩 나아지고 있다는 사실에 집중하고 작은 목표를 세우고 그것을 달성하며 성취감을 쌓아나가면 자신에 대한 믿음이 점차 커질 것이다. '어제보다 나은 오늘을 살자'는 마음으로 자신에게 작은 도전을 주고 그것을 성공시키며 자신을 믿어보자.

이렇게 자신만의 페이스와 기준을 찾아, 남의 기대와 사회적 기준에 얽매이지 않고 자신만의 목표와 리듬에 따라 나아가자

3. 부정적인 자기 대화

"나는 못해.", "나는 충분하지 않아."와 같은 부정적인 자기 대화는 자존감을 더 떨어뜨린다. 이런 생각이 반복되면 스스로에 대한 믿음이 사라지고 자신을 과소평가하게 된다.

이런 경우 부정적인 자기 대화를 긍정적인 대화로 바꾸는 연습을 해보자. 처음에는 어색하겠지만 "나는 노력하고

234

있어.", "이 정도면 충분해."라며, 자신이 감사한 일이나 성취한 작은 성공들을 매일 입 밖으로 내어 말해보자. 이는 긍정적인 피드백을 스스로에게 주는 습관을 지니게 한다.

4. 완벽주의와 높은 기준

완벽주의 성향이나 자신에게 너무 높은 기준을 적용하는 것도 자존감을 떨어뜨리는 원인이 된다. 항상 최고를 목표로 하지만 그 기대에 미치지 못하면 스스로를 비난하게 되는데 완벽주의를 내려놓고 '충분히 좋은 것'에 만족하는 연습을 해보자. 완벽하지 않더라도 최선을 다한 결과에 대해 자신을 칭찬하고 작은 성취에 자부심을 느끼고 자신을 격려하는 것이 중요하다.

누구도 항상 완벽할 수는 없으며, 실수와 실패를 통해 배울 수 있다는 사실을 잊지 말자.

5. 지원 시스템의 부재

주변에 지지해줄 친구나 가족이 없거나, 부정적인 영향을 주는 사람들이 많을 경우 자존감이 낮아질 수 있다. 자신을 이해하고 응원해줄 사람이 없을 때 우리는 혼자서 모든 것을 감당해야 한다는 압박감에 시달리게 된다.

이런 경우 자신을 있는 그대로 인정해주고 응원해줄 사람들과 교류하는 것이 중요하다. 가족이나 친구, 멘토 등 긍정적인 영향을 받을 수 있는 사람들과 시간을 보내고 부정적인 영향을 주는 관계는 거리 두기를 통해 정리하자.

6. 자기계발의 부족

자기계발의 부족으로 인해 스스로에 대한 만족감이 떨어질 수 있다. 목표나 꿈을 향해 노력하지 않을 때 우리는 자신을 향해 실망하게 되고 자존감이 낮아진다. 이런 경우 새로운 것을 배우고 작은 성취감을 쌓는 습관을 들이고. 간단한 취미 활동부터 시작해보자. 책을 읽거나 운동을 하는 등 작은 계획이라도 꾸준히 실천하면 자신에 대한 믿음이 생길 것이다.

"나는 매일 조금씩 더 나은 사람이 되고 있다."라는 믿음을 갖자.

사람들과의 관계 속에서 자신이 타인에게 어떻게 보이는가에 대한 고민은 사람들에게 살아가면서 가장 큰 관심사일는지도 모른다. 우리가 흥미 있게 읽는 책 중에 대화의 기술, 유혹의 기술, 사랑의 기술, 인맥 만들기 등의 책이 베스트셀러의 대열에 오르는 것을 보면 우리는 인간이 얼마나 남을 의식하는지, 자신을 매혹적으로 만드는 일에 많은 시간과 노력을 투자하는지를 알 수 있다.

관계는 시작하는 것보다 유지하고 관리하기가 더 어렵고 끊기는 더욱 힘들다. 사람은 누구나 '어떤 느낌의 소유자'라는 이미지를 갖고 있다. 단지 자신이 깨닫지 못하거나 그것을 제대로 파악하여 부각하는 일에 익숙지 않기에 자신과는 거리가 먼 딴 세상 사람들의 이야기인 양 회피했을 수도 있다.

사람의 첫인상은 능력이나 속내가 아닌 외양을 통해서 불과 몇 초 만에 결정된다고 한다. 인간은 성별, 연령, 직업 그리고 용모, 음성, 제스처에 따라 각기 다른 이미지를 풍기게 된다. 그러나 우리는 그 사람의 외양보다도 어떤 직업을 가졌고 어느 정도의 부와 권력을 지녔느냐에 따라 그의 과거와 현재, 미래까지도 판단을 하는 경우가 적지 않다.

시각적인 이미지가 70% 이상을 차지하고 거기에 음성 등을 통해 얻을 수 있는 청각적인 이미지가 20% 나머지가 10%라는 분석이 있지만, 이러한 통계는 세상이 정으로, 마음으로 따뜻이 살아가는 것이 아닌 눈으로 보이는 것이 다인 것인 양 계산해버리고 마는 삭막한 것임을 입증하는 것 같아 씁쓸하기도 하다.

그러나 다행스럽게도 나의 어떤 면을 보여주는가 하는 것은 스스로 택할 수 있는 것이다. 그렇다면 우리에게 남은 선택은 나라는 사람이 어떻게 보이길 원하는지 인식하는 것과 무엇을 통해서 보여줄지, 그리고 그것이 어떤 사람들에게 어떤 영향을 끼치길 원하는지를 먼저 파악하고 자신만의 독특한 이미지를 창출하고자 노력하는 것이다. 그러한 노력만이 원하는 대로 인생을 살 수 있는 밑받침이 된다.

이미지 관리는 특정한 소수의 정치인이나 스타만의 전유물이 아닌 현대를 살아가는 모든 사람들에게 필요한 것임을 살아가면서 우리는 체험한다.

살아가는 데 있어 가장 중요한 요소는 자신을 사랑하는 마음과 살아가고자 하는 방향 설정에 대한 긍정적인 확신과 끊임없는 노력이다.

항상 따뜻한 눈으로 세상을 보고 사람들에게 미소를 건네고, 마음에서 우러나오는 친절로서 이웃을 대한다면 사람들 모두가 세상은 참 살만한 것이라고 느끼지 않을까? 안일하고 구태의연한 자세로는 성공된 삶을 살 수 없듯이 치열한 경쟁 사회 속에 살아남기 위해서는 긍정적이고 적극적인 마케팅 능력이 무엇보다도 필요하다.

기본적인 이미지 마케팅 3가지

첫째, 당신이 바라는 것을 안다.

둘째, 상대방이 원하는 적절한 이미지를 찾아낸다.

어떤 사람을 당신 편으로 끌어당기고 싶다면 먼저 그 사람이 원하는 이미지를 만들고 당신이 생각하고 있는 대로의 사람이라는 것을 그 상대방에게 깨닫게 하는 것이다.

셋째, 상대방이 생각하고 있지 않을 때 친절하게 해주어라.

사람을 끌어당기는 가장 좋은 방법은 생각지도 못한 친절을 베푸는 일이다.

마음 내키지 않은 사람을 스스로 잘하는 사람으로 만드는 또 하나의 방법은 그 사람에게 좋아하는 무언가를 할 수 있는 권위나 직함을 주는 것이다.

누군가를 내 사람으로 만들고 싶다면 지위 고하를 막론하고 명령하지 말고 부탁하는 말투를 건네야 한다. 당장은 손해보는 일 같더라도 그것은 결국엔 당신의 요구에 호의적으로 답해주도록 사람들의 마음을 사로잡기 위해 사용할 수 있는 방법이고 내 사람을 버는 일이다.

사람을 상대하는 데 있어서 두 가지 얼굴을 가져서는 안 된다. 나의 어떤 모습을 사람들에게 부각시킬지를 결정해야 된다.

'기브 앤 테이크'라는 말은 내가 먼저 주어야 다른 사람도 준다는 말이다. 세상에서 가장 어려운 일은 사람의 마음을 얻는 일이라고 한다. 내가 상대방의 진실된 마음을 얻고 싶듯이 상대방도 나에게 진심을 바란다.

관계의 진심을 바라면서 정서적 유대감을 높여가는 능력은 좋은 관계를 유지하기 위해서 꼭 필요하다. 어떤 상황에 대해서도 더 욕심을 내거나 더 맞는 사람을 찾아 헤매지 않는다. 지금의 일과 내 앞의 사람이 내 인생에 있어 충분히 가치가 있다고 믿기 때문이다.

자신이 하고 있는 일이 만족스럽지 못하다고 하면 한 걸음 떨어져서 다른 관점에서 바라보고 내가 열중할 수 있는 새로운 가치를 찾아라. 살아가는 동안 수없이 부딪히는 사람들의 눈에 다각도로 비치는 많은 자신의 모습 중에서 특별한 나를 발견하고 그 안에 여러 요소들을 아름답게 조화시켜 훌륭하게 연출할 수 있는 능력이야말로 사회성을 가진 인간들에게 주어진 가장 중대한 과제가 아닐까.

자신감을 높이는 이미지 메이킹 프로세스

1. 목표 및 자기인식

현재 상태를 파악한다. 현재 자존감 수준을 파악하고 낮은 자존감의 원인을 찾는다.

"내가 자존감이 낮은 이유는 무엇일까?"와 같은 질문을 통해 부정적인 자기 대화, 주변의 비판적인 평가, 과거의 트라우마 등을 살핀다. 이유를 찾았다면 자신감 향상을 위한 구체적이고 현실적인 목표를 설정한다.

2. 외적 이미지 메이킹

외모를 관리하고 자신의 개성과 어울리는 스타일을 유지한다.

3. 내적 이미지 메이킹

긍정적인 자기 대화를 연습한다. "나는 못해.", "나는 충분하지 않아."와 같은 부정적인 언어는 버리고, "나는 노력하고 있어.", "이 정도면 충분해." 같은 긍정적인 말을 쓰기 위해 노력한다.

목표 설정 및 성취를 위해서 구체적이며 어렵지 않아서 달성 가능한 목표를 설정하고, 성취한 목표를 기록하며 성취감을 얻는다.

작은 성공 경험에도 자신을 칭찬하고 주변으로부터 받는 칭찬을 적극 수용한다.

자존감이 낮아지는 이유는 다양하지만, 중요한 것은 이를 극복할 수 있는 방법 또한 다양하다는 점이다. 자신을 향한 긍정적인 시선과 주변의 지지를 받으며, 작은 목표부터 하나씩 달성해나가는 과정을 통해 자존감이 점차 높아질 것이고 무엇보다도 '나 자신이 충분히 소중하고 가치 있는 존재'라는 사실을 잊지 말자.

자존감을 높이기 위한 이미지 메이킹은 단순한 외모관리 뿐만 아니라 내면과 행동, 주변 환경까지 함께 변화시키는 과정이다. 이 프로세스를 통해 자존감과 자신감을 높이며 더 나은 삶을 위해 노력해보자. 중요한 건 꾸준한 연습과 자기 믿음, 즉 자신감이다. 당신은 충분히 해낼 수 있다.

03

당신의 삶은 틀리지 않았다

수많은 사람들이 다양한 관계를 맺으며 살아간다. 상대에 따라 다르고, 상황에 따라 다른 인연들이 만들어진다. 그것은 우리가 우연을 가장해서 만들어낸 것일 수도 있고, 운명일 수도 있고, 필연일 수도, 그냥 지나치는 아무 의미 없는 것일 수도 있다.

세상을 살아가면서 가장 중요한 것이 무엇이냐고 누군가가 묻는다면 어떻게 답하는 게 정답일까? 여기에 정답이 없다는 것은 당신도 알 것이다. 하지만 살아가면서 대인관계에 따라 나의 인생이 다양한 방향성을 갖게 되는 사실은 과언이 아니다.

숱하게 나온 인맥에 관한 책들이 얘기하는 것처럼 우린 인맥을 넓히는 일도 끊는 일도 매일 수 없이 반복하지만 그것은 한낱 지침서에 불과할 뿐 삶의 모든 부분은 매 순간 나의 선택에 달려 있다. 선택은 나의 몫인데 왜 어떤 사람에게는 좋은 일이 생기고, 어떤 사람에게 나쁜 일이 생기는 걸까? 사회적으로 성공하고 남이 부러워하는 삶을 사는 사람들조차도 인생의 모든 부분에서 성공만 하진 않았다. 삶이 우리에게 요구하는 질문의 그 어디에도 정답은 없다. 단지 나에게 맞는 해답을 구하는 일에 시행착오를 겪다 보면 비로소 '그랬구나.' 하며 지난 후 알게 되는 것이 대부분이다.

늘 행복하기만 했던 사람들은 그 행복이 얼마나 소중한지를 알 리가 없다. 쭉 힘들게만 살아왔고 사람들에게 상처만 입었던 사람들은 사람들의 관계에서 오는 충만함이 얼마나 큰 기쁨이고 따스함인지를 알지 못한다.

인생을 살다 보면 때로는 좌절하거나 길을 잃었다고 느끼는 순간이 찾아오곤 한다. 이는 당신뿐만 아니라 누구에게나 일어나는 일이다. 누구도 완벽하지 않으며, 모든 사람이 각자의 실수를 통해 배우고 성장해 나간다. 이러한 여정 속에서 자신을 의심하게 되기도 하고, 과거의 선택을 후회하기도 하며, "내 삶은 잘못된 것일까?"라는 생각이 고개를 들기도 한다. 그러나 당신의 삶은 틀리지 않았다. 지금까지의 모든 경험은 당신이 성공하는 데에 필요한 것이었으며, 지금도 계속해서 당신의 삶에 의미를 부여하고 있다.

비교의 함정

현대 사회에서는 비교의 함정에 빠지기 쉽다. 소셜 미디어에서 우리는 다른 사람들의 화려한 삶의 한 단면만을 볼 수 있고, 주변의 사람들은 각자 자신의 성공담을 강조하기도 한다. 이러한 환경에서 자신의 삶을 다른 사람과 비교하며 자신을 부족하게 느끼는 것은 너무나도 자연스러운 일이다. 그러나 다른 이들의 삶을 부러워하고 자신의 삶을 과소평가하는 것은 불필요한 고통을 가져올 뿐이다. 다른 사람들의 성취는 그들의 삶 속에서 나온 결과이며, 당신의 삶과는 완전히 다르다. 각자의 배경, 상황, 목표가 다르다는 점을 이해하는 것이 중요하다. 남들과 비교하는 대신, 자신이 이뤄 온 것들에 집중하고 자신만의 성장 궤적을 그려나가는 것이 필요하다. 과거의 자신과 비교하여 얼마나 발전했는지, 또 어떤 부분을 개선할 수 있는지에 초점을 맞추는 것이 더욱 의미 있는 일이다.

실패는 성장의 중요한 부분이다. 실패를 경험함으로써 우리는 배움의 기회를 얻고, 더 나은 선택을 하게 된다. 그러나 실패를 두려워하거나 그것을 부정적으로만 바라보는 태도는 우리를 더 많은 기회로부터 멀어지게 한다. 자신의 실수나 실패를 인정하고, 이를 통해 무엇을 배웠는지 생각하는 자세를 갖는 것이 필요하다. 과학자 토머스 에디슨은 전구를 발명하는 과정에서 수천 번의 실패를 경험했다. 그가 발명에 성공하기까지의 과정을 두고 "나는 실패한 것이 아니라, 전구를 발명하지 않는 방법을 수천 가지 찾아낸 것뿐이다."라고 말한 것처럼 실패는 목적지로 향하는 과정의 일부일 뿐이며, 그 자체가 우리 삶의 가치를 결정짓는 것은 아니다.

삶의 여정은 때로는 정체된 것처럼 보이기도 하고, 다른 사람들보다 뒤처진 것처럼 느껴지기도 한다. 그러나 모든 사람은 각자의 페이스로 성장하고 있으며, 그 안에서 다양한 경험과 배움을 통해 성장하는 고유한 가치와 의미를 가진다. 지금까지의 삶을 돌아보면 당신도 이미 많은 것을 이루어냈을 것이다. 학업, 경력, 인간관계, 취미 등 어떤 영역에서든 과거의 자신보다 더 나아진 모습을 발견할 수 있을 것이다. 이러한 성취에 대해 스스로를 칭찬하고, 앞으로의 성장에 대한 기대를 품어보자.

주변의 목소리와 자아 찾기

때로는 주변의 목소리가 당신의 판단에 영향을 미

치기도 한다. 가족, 친구, 동료 등의 조언과 비판이 때로는 도움이 되기도 하지만, 그것이 과도하게 당신의 삶에 개입하게 해서는 안 된다. 당신의 삶을 대신 살아줄 수 있는 사람은 아무도 없다. 따라서 주변의 목소리에 휘둘리기보다는 자신만의 가치관과 목표를 찾는 것이 중요하다.

자신의 내면을 들여다보고 진정으로 원하는 것이 무엇인지, 어떤 일이 당신에게 기쁨을 주고, 어떤 일에 열정을 느끼는지 알아보자. 그리고 그것을 바탕으로 자신의 삶을 설계해나가자. 사회적 기준이나 타인의 기대에 얽매이지 않고, 자신만의 인생을 살아가는 것이야말로 진정한 의미에서 성공적인 삶이라고 할 수 있다.

의미 있는 선택들

삶은 수많은 선택의 연속이다. 그 선택들이 때로는 당신을 힘든 길로 인도할 수 있지만, 그 또한 삶의 일부로 받아들이자. 모든 선택에는 의미가 있으며, 그 선택들이 모여 당신의 고유한 가치를 만들어낸다.

앞으로의 방향

지금까지의 선택과 경험을 바탕으로 앞으로 나아갈 방향을 설정하는 것도 중요하다. 과거의 실패와 성공을 통해 얻은 지식을 활용하여 미래를 계획하자. 그러나 그 과정에서 너무 완벽하게 계획하려고 하거나 모든 가능성을 통제하려고 노력할 필요는 없다. 삶은 언제나 예상치 못한 방식으로 흘러가기도 한다. 중요한 것은 당신이 무엇을 원하는지, 어떤 방향으로 나아가고 싶은지를 명확히 하고 그 방향을 향해 꾸준히 걸어가는 것이다.

또한, 현재의 순간을 소중히 여기며 살아가는 것이 중요하다. 미래의 목표에 집착하여 현재를 잃지 말고, 지금 이 순간에 집중하자. 하루하루의 작은 선택들이 모여 결국 당신의 삶을 형성한다. 그 선택들이 당신의 가치관과 목표에 부합하는지 돌아보며, 매 순간을 의미 있게 만들어 나가라.

당신의 삶은 틀리지 않았다. 지금까지의 모든 경험은 당신을 만들어왔고, 앞으로의 경험 또한 당신을 더 멋진 모습으로 만들어갈 것이다. 비교의 함정에 빠지지 말고, 실패를 두려워하지 말고, 주변의 목소리에 흔들리지 말라. 당신은 지금까지 잘 해왔고, 앞으로도 잘 해나갈 수 있다. 자신을 믿고 당신만의 길을 걸어가라. 그 길에서 마주하는 모든 순간이 당신의 삶을 더욱 빛나게 할 것이다.

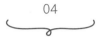

04

당신은 지금 어떠한가

"이 교수는 욕심이 많아서 그래."

참 많이도 들어왔던 말이다. 어느 순간부터 난 그들의 이야기를 인정하는 삶은 살았는지 모르지만 돌이켜 보니 난 욕심보다는 나도 남도 인정하는 삶을 살고 싶었던 것 같다. 내려놓으라는 말, 천천히 가라는 말, 욕심을 버리라는 말. 어떨 때는 면전에 놓고 들어도 웃으면서 지나치지만, 때로는 정말 나를 너무 화나게 하는 말이기도 하다.

시간을 쪼개서 내가 해야만 될 것 같은 일을 위해 내달리는 게 잘못된 건 아니다. 뭐가 욕심인지는 모르지만 욕심을 내지 않으면 쌓이는 게 없어져 매 순간 곤궁함을 걱정해야 될 것 같다면 당신은 누군가를 향해 그 삶을 책임져주지도 않을 거면서 내려놓고 천천히 욕심을 버리고 살라고 편하게 말할 수 있을까? 당사자가 아닌 누구도 그의 삶을 온전히 다 이해할 수 없다.

단지 당신의 마음이 복잡하거나 알 수 없는 울화가 치민다면 기존의 것들을 잠시 내려놓고 평소 머무르던 장소에서 벗어나보자. 내 것이라고 생각되는 것이 적을수록 삶은 단순해지고 마음도 평온해진다. 화장실을 가는 것처럼 때가 되었다고 느껴지면 주기적인 비움을 통해서 의도적으로 여유를 가질 수도 있다.

태어나면 죽는다는 기한이 정해져 있는 우리 삶에서 얼마나 행복하게 하루하루 순간을 살아가느냐는 굉장히 중요하다. 힘들고 지친 순간도 있겠지만 그런 순간을 누가 오래 겪고 싶겠는가? 아무리 힘든 일이 눈앞에 있다 하더라도 잘살 수 있다는 자신감을 갖는 것이 인생의 큰 차이를 만들어낸다.

가끔 혼자 어디론가 떠날 때가 있다. 남들이 말하는 핫플레이스가 된 곳을 가서 이곳이 왜 유명해진 건지 궁금해하며 돌아보기도 하고, 오히려 알려지지 않은 다른 곳을 기웃거리며 뭔가 발견하고 싶어 설렐 때도 있다. 알고 기대하고 가는 곳은 '여긴 이렇구나. 좋다.' 하는 생각이 드는 정도지만 생각지도 않은 공간에서의 멈춤은 때로 큰 감동을 주기도 한다.

뭔가 막히거나 일상이 무료해진다면 잠시 떠나는 것도 좋다. 아무 생각 없이 잠시 그곳에 들어선 것 뿐인데 풍경이, 냄새가 나의 오감을 사로잡아 놓아주질 않을 때도 있다. 지역의 '공간 재생 기획자'이기도 한 나는 반듯한 새 건물보다 낡고 오래된 빛을 가진 공간을 더 좋아한다. 익숙한 냄새 속에서 누군가를 떠올리고 낡은 문짝이나 낯익은 구조물에서 어떤 시절에 풍경이 떠오른다.

친밀한 느낌의 공간이 나에게 말을 건네오면 난 그 이야기를 담아 공간이 다시 숨 쉴 수 있도록 만든다. 그래서 많은 이들이 정감을 느껴 찾아오고 거기서 의미를 찾을 수 있게 도와주는 것, 그것이 최근에 내가 가장 의미 있게 생각하는 일이다.

머릿속이 멍하거나 만족 없이 자신에게 화가 난다고 느껴질 때면, 무엇이 나를 이렇게 만들고 있는 것인지 적어보자. 이런저런 것들을 쓰다 보니 난 늘 만족 없이 살고 있는 것은 아닌가 하는 생각이 든다. 왜 나는 늘 자신을 사랑하기보다 못마땅하고 부족하다 느끼는 걸까? 감정에는 전염되는 특성이 있어서 내 옆에 누가 있느냐에 따라 달라진다. 내가 늘 부정적이고 우울하다면 긍정적이고 매사 낙천적인 사람을 의도적으로 가까이 하는 것이 필요하다.

감정을 다스리기 위해서는 자신을 따뜻한 시선으로 먼저 바라봐주어야 한다. 부정적인 감정을 해결하기 위해서는 먼저 칭찬의 기술을 사용하는데 진심에서 나온 칭찬은 상대방의 인정을 욕구를 충족시켜 타인에 대한 긍정적인 평가를 유도하고, 설령 자신이 늘 못마땅하게 느껴진다고 하더라도 입밖으로 칭찬하는 순간 왠지 괜찮은 내가 된 것처럼 느껴지게 만들 수도 있다.

늘 부족하다고 느껴 화가 나는 자신을 칭찬하는 방법에는 두 가지가 있다.

첫째, 인정받고 싶은 나의 성격이나 모습을 명확히 서술한다.

둘째, 남과 비교하지 말고 늘 격려와 지지를 한다.

내 마음의 화나 분노를 통제하려 애쓰지 않고 자신의 감정에 집중하는 법을 익히면서 한 걸음 물러나 남을 관찰하듯이 지금 내가 어떤 상태인지 알아채보자. 나를 객관적으로 볼수 있다는 것은 친구의 화를 언제 달래줘야 하는지를 살피는 것처럼 감정에 악영향을 끼치지 않고, 좋은 관계를 맺기 위해서 반드시 필요한 일이다.

사람들은 원만한 소통을 위해 끊임없이 연락을 주고받거

나 SNS를 통해 내 상태를 게시하거나 타인의 상태를 살펴보기도 한다. 이러한 감정 소모가 이어지다 보면 정작 집중해야 할 때 나를 위한 에너지가 현저하게 떨어진다. 사람들은 끊임없는 감정의 선택 기로에서 피로감을 느낀다.

어떻게 하면 일상에서의 스트레스를 줄이면서 '감정 휴식'을 취할 수 있을까? 사람은 누구나 고립감을 싫어하지만 지금 내 감정이 스스로 조정할 수 없는 부정적인 상태라면 스스로 안테나를 접고 다락방으로 숨어들 듯 고립되어 쉴 수 있는 틈을 만들어야 한다.

쉼이라는 것은 사람에 따라 다르다. 어떤 사람은 격렬한 운동을 하며 쉰다고 생각할 수도 있고, 또 어떤 사람은 더 이상 잠을 잘 수 없을 때까지 자고 일어나는 것을 쉼이라고 말할 수도 있다. 어떤 방식이든 쉼의 공통점은 바쁜 일상에서 벗어나 평소와는 다른 시간을 보내며 나에게 집중한다는 것이다.

지금 나는 쉬고 싶은가? 아니면 피곤해 죽어도 좋으니 남에게 인정받는 성공이란 걸 하고 싶은가? 나는 무엇이 필요한가? 나는 어떤 삶을 원하는가?

이 모든 출발점은 나에게서 시작된다. 인간관계에서 상처받은 경험이 있다면 반대로 나에게 도움을 준 사람을 떠올려보면 좋다. 세상과 연결되는 것이다. 내가 무슨 이야기를 하든 저마다 다르게 그들만의 방식으로 해석한다. 때로는 나도 그런 방식을 통해 나를 객관적으로 바라볼 수 있다.

인간관계에서 제대로 된 관점을 가지려면 너무 가깝거나 멀지 않은 약간의 거리가 필요하다. 어떠한 두려움도 없이 객관적으로 제3자 시점에서 건조하게 바라볼 수 있는 마음의 여유. 세상의 모든 결말에 '갑자기'란 없다. 다만 자신이 그것을 알고 싶지 않았을 뿐이다. 사람들이 원하는 삶을 마주했을 때 그것을 온전히 즐길 수 없게 하는 것이 트라우마다.

시간은 아무것도 처음부터 없던 것처럼 만들지는 못한다. 그저 차츰 기억에서 사라지게 만들 뿐이다. 흐르는 세월이 비교적 유연하게 그 상황에 대처할 수 있게끔 만든다. 나만 그런 것이 아니다. 그래서 가장 개인적인 것이 가장 보편적이라는 말이 있다.

나만 겪었을 거라고 생각하는 말하지 못한 일들이, 무심코 다른 사람이 경험했다는 사실을 알면 상대방에게 공감과 연민을 느낀다. 삶에 고난과 역경이 많았던 사람일수록 타인에 대한 측은지심이 크고 돕고자 하는 의지도 강하다.

인생은 늘 선택의 연속이다. 내가 내린 결정으로 인해 굉장히 우울해질 수도 있는 반면 삶을 헤쳐나가는 동기가 될 수도 있다. 어느 쪽이든 선택하고 어떤 시간에 의미를 부여하는 순간 의지만으로는 멈추기 힘든 다양한 감정이 일어난다.

내가 원하는 세상에 살기 위해선 나를 가로막고 있는 문을 직접 열어야 하는데 그 열쇠는 내가 가지고 있다. 내가 열 수 있는 키가 없다면 힘껏 열어달라고 두드릴 수 있는 용기라도 내야 한다.

05

좋은 습관, 힘이 나는 루틴 만들기

인간의 내면은 외적으로 드러난다. 현대 사회에서 사람들은 종종 외모와 행동을 통해 다른 사람의 성격과 내면을 판단한다. 이러한 연관성은 우리가 일상에서 마주하는 다양한 인간관계와 상호작용에서 내면이 어떻게 드러나는지를 강조하는데 지금부터 그 상관관계를 살펴보자.

얼굴에 나타나는 성격과
체형에 드러나는 부지런함
사람의 성격은 얼굴에서 드러난다. 자주 웃는 사람

은 긍정적이고 밝은 성격을, 항상 찡그리고 있는 사람은 부정적인 감정을 품고 있을 가능성이 크다. 얼굴은 우리의 감정과 성격을 그대로 반영하는 창이다. 한편 부지런함은 체형에서 나타나는데 규칙적인 운동과 건강한 식습관을 유지하는 사람들은 대개 부지런하고 자기관리가 철저하다. 이는 단순히 외모관리 이상의 의미를 지니며, 자기통제와 목표 달성을 위한 꾸준한 노력을 반영한다.

행동에 드러나는 본심과
인간성을 나타내는 약자에 대한 태도

사람의 본심은 행동에서 나타난다. 말과 행동이 일치하는 사람은 신뢰할 수 있으며, 행동을 통해 그 사람의 진정한 마음을 알 수 있다. 특히, 약자를 대하는 태도는 그 사람의 인간성을 가장 잘 보여준다. 약자를 배려하고 존중하는 사람은 진정한 인간성을 갖춘 사람이다.

표정에 나타나는 여유와
피부에 드러나는 스트레스

사람의 표정은 그가 얼마나 여유로운지를 나타낸다. 여유로운 사람은 평온하고 긍정적인 표정을 짓는다. 반면, 스트레스는 피부에 드러나는데 피부 트러블이나 잔주름 등은 스트레스의 흔적으로, 몸과 마음의 상태를 반영한다. 이는 건강한 생활습관과 정신적 안정을 유지하는 것이 얼마나 중요한지를 보여준다.

목소리에 나타나는 감정과
스타일에 드러나는 센스

사람의 감정은 목소리에서 나타난다. 목소리의 톤과 말하는 방식은 그 사람의 현재 감정을 반영하고, 센스는 스타일에서 드러난다. 옷차림과 전체적인 스타일은 그 사람의 센스와 미적 감각을 잘 보여주는데 단순히 외모를 가꾸는 것을 넘어, 자신의 개성과 감각을 표현하는 중요한 수단이다.

끈기에서 나타나는 성공과
성급함에서 나타나는 실패

성공은 끈기에서 나타난다. 목표를 향해 꾸준히 노력하고, 어려움을 극복하는 끈기는 성공의 필수 요소다. 반면, 성급함은 실패로 이어질 가능성이 크다. 서두르지 않고 신중하게 계획을 세우고 실행하는 것이 중요한데 이는 장기적인 목표를 설정하고, 꾸준히 노력하는 자세를 가져야 하는 이유다.

인간의 내면이 어떻게 외적으로 드러나는지를 설명하는 얼굴, 체형, 행동, 태도, 표정, 피부, 목소리, 스타일, 끈기 등 다양한 요소들은 우리가 어떻게 자신을 표현하고, 타인을 판단하는지를 보여준다. 내면과 외면의 조화를 이루어 건강하고 행복한 삶을 추구하는 것이 중요하듯 이를 통해 자신을 더 잘 이해하고, 긍정적인 변화를 이끌어낼 수 있는데 그렇다면 지금부터 좋은 습관과 루틴을 만드는 구체적인 실천 방법을 알아보자.

첫째, 명확한 목표를 설정한다.

목표는 습관을 지속하도록 동기 부여한다. 구체적이고 측정 가능하며, 달성 가능하고, 관련성이 있으며, 시간제한이 있는 목표를 설정하라. 예를 들면 '매일 20분 독서하기'와 같은 목표는 구체적이며 달성 가능하다.

둘째, 작은 단계로 시작한다.

하나의 습관을 작게 쪼개어 시작하고 기존 습관에 새로운 습관을 연결하여 자연스럽게 실행되도록 한다. 예를 들면, 아침에 커피를 마시면서 독서하기, 점심 후에 스트레칭하기 등이 있다. 습관이 얼마나 잘 지켜지고 있는지 시각적으로 확인하는 것도 좋은 방법이다. 운동한 날짜를 달력에 표시하거나 노트에 매일의 목표 달성 여부를 적어본다.

셋째, 환경을 조성한다.

주변에 나쁜 습관을 유발하는 요인을 제거하고 좋은 습관을 유도할 수 있는 물건이나 장소를 활용한다. 예를 들면, 책을 가까이 두기 위해 침대 옆에 책장 두거나 과자 대신 과일을 잘 보이는 곳에 두는 등 환경 조성이 필요하다.

넷째, 보상 시스템을 구축한다.

습관을 수행한 직후에는 자신에게 작더라도 즉각적인 보상을 제공하여 동기를 강화한다. 예를 들면 '10일 연속 운동을 완료하면 ○○하기, 한 달 동안 아침 운동을 지속하면 ○○하기'와 같이 정할 수 있다.

다섯째, 자기반성 및 개선

정기적으로 습관과 루틴을 검토하고 개선점을 찾는다. 습관이 지켜지지 않았을 때 자책하지 말고, 다시 시도할 수 있도록 동기를 부여한다. 습관이 지루해지거나 어려워질 경우 변화를 주어 꾸준히 할 수 있도록 한다.

· 아침과 저녁 루틴 예시

아침 루틴(1시간)

- 기상(3분): 알람을 듣고 바로 일어나서 물 마시기

- 스트레칭(5분): 간단한 전신 스트레칭

- 명상 또는 호흡 운동(5분): 마음을 진정시키고 하루를
준비하는 시간

- 샤워 및 준비(10분): 하루를 상쾌하게 시작하기 위해 나
를 단장하기

- 아침 식사(10분): 균형 잡힌 식사하기

저녁 루틴(1시간)

- 가벼운 산책 또는 운동(15분): 저녁 식사 후 소화에 도
움을 주거나 마음을 가라앉히기 위한 산책

- 감사 일기 쓰기(5분): 하루 동안 감사했던 일 세 가지
기록하기

- 자기계발 활동(30분): 독서, 강의 듣기, 외국어 공부 등

- 명상 또는 차 마시기(10분): 하루를 마무리하며 마음을
편안하게 하기

- 잠자리 준비(10분): 미디어에서 벗어나 휴식을 취하고
잠자리에 들기

좋은 습관을 만들고 힘이 나는 루틴을 유지하기 위해서는 명확한 목표 설정, 작은 단계로 시작하기, 환경을 조성하는 등 다양한 전략이 필요하다. 이러한 전략을 통해 습관을 형성하고 꾸준히 실천함으로써 당신의 삶에 긍정적인 변화를 가져올 수 있다. 중요한 것은 완벽함이 아니라 꾸준함이다. 자신에게 맞는 방식으로 조금씩 개선해 나가다 보면 어느새 좋은 습관과 힘이 나는 루틴을 구축하게 될 것이다.

06

나이 들어간다고 느낄 때
나만의 속도를 찾는 법

나이가 든다는 것은 스스로 살아온 자리를 돌아보는 시간
이 생김을 뜻한다.

무언가로 인해 크게 감정의 동요됨이 없이 "그런가? 그
래…."를 작게 입 밖에 내며 끄덕일 수 있는 여유 아닌 여유
가 생김을 뜻한다.

내 안에서 '내가 아는 나'와 '내가 모르는 나'가 뒤섞여 성
숙되는 과정이 나이 듦이 아닐까? 나이가 든다는 것, 인생의
여정은 출발점이 같지만 도착지는 모두 다르다. 우리가 걷는
길은 나이와 함께 펼쳐진다. 한 해 한 해 지나가면서 우리에

게 주어지는 경험, 감정, 가치관은 인생의 풍경을 다채롭게 그린다. 그래서 나이가 든다는 것은 단순히 수명과 시간의 증가가 아니라, 삶의 깊이와 폭이 넓어지는 과정이다. 이러한 의미에서 나이가 든다는 것이 어떤 의미를 지니는지에 대해 살펴보고자 한다.

첫째, 삶의 변화와 성숙

나이가 든다는 것은 곧 경험이 축적된다는 뜻이다. 우리는 시간 속에서 다양한 경험을 쌓고, 그 경험은 우리를 더 깊은 사람으로 만들어준다. 여기에는 직장 생활의 도전과 성취, 인간관계의 기쁨과 슬픔, 여행을 통해 만나는 새로운 세계 등이 포함된다. 다양한 사회생활에서의 경험을 통해 전문성을 쌓고, 보다 복잡한 문제에 대응할 수 있는 능력을 갖추게 된다. 또한 나이가 들수록 친구와 가족, 동료와의 관계는 깊어진다. 어릴 때에는 피상적으로만 알았던 사람들과의 관계가 시간이 지남에 따라 신뢰와 이해로 변한다. 가족의 소중함을 알게 되고, 친구가 주는 위로의 가치도 더 깊이 깨닫게 된다. 연령이 늘어날수록 여행, 취미 활동, 자기계발 등을 통해 삶의 다양한 측면을 경험하는데 새로운 취미를 찾거나, 오래된 관심사를 재발견하는 과정에서 우리는 더 다채로운 삶을 살게 된다. 또한 나이가 든다는 것은 또한 삶에 대한 통찰이 깊어진다는 뜻이다. 우리는 실패와 성공을 모두 경험하며 더 현명해지고, 더 큰 관용과 이해를 가지게 된다. 과거의 실수와 실패를 통해 더 성숙해지고 젊을 때 저지른 실수를 다시 반복하지 않도록 노력하며, 나 자신과 타인을 더욱 용서하는 법을 배우게 된다. 인생의 이상과 현실을 분리할 수 있는 능력이 생긴다. 젊을 때에는 이상향을 좇던 사람이 나이가 들면 현실과 이상 사이의 균형을 잡는 법을 배우는 데 더 실질적이고 실현 가능한 목표를 설정하는 데 도움이 된다.

이렇듯 인생의 다양한 시련을 겪으면서 우리는 자연스레 평온함을 찾게 된다. 이는 모든 일에 동요하지 않고, 차분하게 대응할 수 있는 힘을 준다.

둘째, 육체적 변화와 건강

나이가 들면서 나타나는 육체적 변화는 피할 수 없다. 이 변화는 자연스러운 현상이지만, 때로는 정말 받아들이기 어렵다. 젊을 때와 달리 하루 종일 일을 하거나 체력을 요하는 활동을 할 때 쉽게 피로를 느낀다. 이는 자연스러운 노화의 일부지만, 이를 받아들이고 생활 방식을 조정할 필요가 있다. 근육량이 줄어들고 관절이 약해져 이전만큼 강도 높은 운동을 하기 힘들어진다. 이로 인해 평소의 체력 유지나 회복에 더 많은 시간이 필요하다.

규칙적인 운동은 건강을 유지하는 데 필수적이다. 나이가 들수록 운동은 체력 유지를 위한 필수 요소가 된다. 걷기, 요가, 수영 등의 저강도 운동이 유용하다. 노화와 함께 대사 기능이 떨어지기 때문에 건강한 식단을 유지하는 것이 중요하다. 충분한 영양소를 섭취하고, 과도한 설탕과 지방은 피해야 한다. 또한 나이가 들면서 각종 질병에 대한 위험이 커지므로 정기적인 건강검진은 필수다.

셋째, 정신적 변화와 안정

나이가 들면서 자신의 정체성과 가치관이 확립된다. 과거에는 타인의 기대나 사회적 기준에 휘둘렸다면, 이제는 스스로의 기준에 따라 삶을 선택하고 행동하게 된다. 직장에서의 역할이 변화하거나, 가정에서 부모로서의 역할이 강조되면서 자신에 대한 인식도 변하는데 이를 통해 자신의 강점과 약점을 보다 명확히 파악하고, 더 나은 방향으로 나아갈 수 있다.

그동안 다양한 인간관계를 경험하며 누구와 가까워져야 하고, 누구와 거리를 둬야 하는지를 배우게 되었다. 여러 상황에 대한 경험이 축적되면서 복잡한 문제를 해결하는 능력도 향상되어서 예상치 못한 상황에 대처할 때도 흔들리지 않고 해결할 수 있는 장점이 생긴다.

나이가 들수록 일상에서 감사할 수 있는 부분을 찾게 된다. 이는 삶에 대한 긍정적인 태도를 형성하며, 작은 일에서도 행복을 찾을 수 있는 능력을 키운다. 불필요한 욕심이나 집착에서 벗어나 삶을 단순화하려는 경향이 생긴다. 복잡한 관계나 물질적 소유보다는 진정으로 의미 있는 가치에 집중하는 능력을 키워보자.

넷째, 사회적 변화와 역할

부모로서 자녀를 양육하는 시기가 지나면, 자녀들이 독립하면서 가정 내 역할이 변하게 된다. 직장에서의 역할이 달라지거나, 퇴직 후에는 새로운 역할을 찾게 된다. 이를 통해 더 많은 자유 시간을 활용하거나, 새로운 취미를 찾는 등 변화에 대응해야 한다.

나이가 들면 자연스레 다음 세대에게 지식과 경험을 공유하는 역할을 맡게 되는데, 이는 멘토링, 강연, 책 집필 등 다양한 방식으로 이루어질 수 있다. 자신이 가진 지혜를 다음 세대와 나누며 교류하는 것은 자신의 삶에도 큰 의미를 준다.

다섯째, 나이가 듦에 대한 새로운 시각

가끔 내 나이가 벌써 이렇게 많은가? 하고 깜짝 놀랄 때가 있다. 그렇지만 나이가 든다는 것에 대해 부정적으로만 보지 않고, 삶의 깊이와 성숙함을 갖는 시기로 보는 것이 맞다. 나이가 들수록 활동을 줄이고 안정적으로만 살기보다는, 새로운 취미나 도전 과제를 찾아 활기차게 사는 것이 필요하다. 예술 활동, 여행, 봉사 활동 등을 하는 사람들은 실제 나이보다 젊어 보이고 활력이 있다.

나이에 맞춰 자신이 원하는 가치와 삶을 추구해야 한다. 이는 누구나 다른 방식으로 나이 들 수 있으며, 비교하고 실망할 것이 아니라 각자의 삶에 맞는 방식과 나만의 만족을 찾는 것이 중요하다.

결국 나이가 든다는 것은 우리 인생에 불가피하게 찾아오는 과정이다. 내가 죽을힘을 다해 막아선다고 세월이 멈춰서는 것이 아닌 이상 경험과 통찰을 통해 인생의 깊이와 의미를 더해주는 과정이라 생각하고 기쁘게 받아들이자.

인생의 전환점은 누구에게나 낯설고 두려운 시기다. 그러나 이러한 시기를 성장과 배움의 기회로 삼아 적극적으로 받아들인다면, 새로운 목표와 방향을 찾고 인생에서 더 큰 성취를 이룰 수 있다. 나이가 들어가면서 오히려 안정감을 찾기 위한 작은 목표 설정, 지원 네트워크 활용, 장기적인 계획 수립 등의 전략을 통해 긍정적으로 자신의 가치관과 목표에 맞춰 변화를 받아들이며, 이를 통해 전환점을 기회로 바꾸고 인생을 더 의미 있고 풍요롭게 만들 수 있다.

나는 21년간 교수 생활을 한 전문가이지만 유튜브나 인스타, 네이버 검색에서 최고의 전문가로 오르내리는 사람들을 보며 그들이 벌어들이는 수입과 자타공인 최고라고 말할 수 있는 자신감이 왠지 부러웠다. 흔히 말하는 셀럽celebrity이 그 분야의 최고 전문가는 아니지만 그 자리에 오르기까지 여러 방면에서 최선의 노력을 하고 기회를 잡은 사람이 인플루언서influencer가 된다. 남들이 인정하는 최고가 된다고 해서 모든 것이 안정적으로 보장된 것은 아니다. 누구나 최고가 되길 원하지만 그 순간부터 다른 사람에게 늘 쫓기는 것 같은 불안감에 시달리게 될지도 모른다.

뭐가 된 것보다 된 다음 그것을 얼마나 지키고 유지해 나가느냐 하는 것이 더 중요하다. 어떤 시점에 100억 부자가 돼서 유명해진 사람이나 그 시대 회자되던 사람들도 그 시점을 지나 오래도록 그 자리나 상황을 유지했다는 말을 거의 들어본 적이 없는 것처럼 무엇 하나 영원한 것이 없다.

타인과 비교하면서 나 아닌 속도로 간다는 것은 제한속도가 정해진 고속도로를 정신없이 달리느라 단속카메라를 보지 못한 채 내달리다 슬쩍 딱지를 끊거나 정속주행하고 있는 타인의 차를 잠시 한눈파는 순간 들이박아 다칠 수 있는 위험이 도사린다.

나답다는 것은 삶에서 내가 정한 방향이지 속도가 아니다.

그러니 내달리지 마라. 세상에 나 혼자가 아닌 이상 나만을 위한 목표를 세우고 달리지 마라. 자신이 길을 떠나면서 챙겨야 할 것, 함께 가야 할 사람을 살펴보고 맞는 속도와 방향을 정할 때 비로소 나의 목적지에 안착할 수 있다.

인생에 있어 성취라는 것이 삶을 조화롭게 이뤄가며 만족감을 갖는 것이라면 나만을 위한 목표로 '이것 하나 이뤘어.' 하는 것은 성공의 기쁨을 잠시 가져다주고 언제 그랬냐는 듯 만족이 없이 또 다른 목표의 성공을 위해 내달리게 만든다.

인생은 단편적인 것이 아니기에 삶은 더불어 사는 사람들과의 밸런스가 중요하다. 마라톤 풀코스를 뛰다 보면 반환점을 돌게 되어 있다. 인생도 열심히 뛰어가면 거기가 끝일 것 같지만 어느 순간 돌아와서 마무리를 해야 하는 반환 지점이 있다. 끝없는 자신과의 싸움도 부족해 끝까지 혼자이고 싶은 사람이 아니라면 돌아오는 지점이 어딘지를 확실히 알아야 한다. 당신은 지금 인생의 어느 지점을 뛰어가고 있는가?

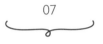

07

혼자여도 괜찮아

살다 보면 우리는 종종 혼자라고 느껴 힘들어하지만 사실 인생은 꼭 누구와 함께하지 않아도 된다. 친구들이나 가족들이 옆에 있어도 마음 한구석이 허전하고, 외로움이 엄습할 때가 있다. 혼자 있는 시간은 자기 자신을 깊이 이해하고 성찰할 수 있는 소중한 기회다. 사람들은 대개 바쁜 일상 속에서 자신을 돌아볼 시간을 갖지 못한다. 그러나 혼자 있는 시간은 자신의 감정, 생각, 욕망을 차분히 들여다볼 수 있는 기회를 제공한다. 이 시간을 통해 우리는 자신의 강점과 약점을 파악하고, 무엇이 우리를 행복하게 하는지, 무엇이 우리를 불안하게 하는지 명확히 알 수 있다.

구체적인 목적이 없어도 된다. 때로는 그냥 그러고 싶어서가 필요하다. 이렇게 자신을 똑바로 보고 느끼고 동력을 채워갈 때 그것을 동기 삼아 무언가를 할 수 있게 된다. 나 자신을 위한 사소한 시도는 큰 성과로 가는 중요한 버팀목이 되어주고 내가 하는 것들이 과연 맞는 건지에 대한 물음에 자신감을 준다. 우리는 바쁜 일상 속에서 종종 자신을 잃어버리고, 주변 사람들의 기대와 요구에 맞추어 살아가곤 한다. 그러나 혼자 있는 시간은 자신이 진정으로 원하는 것이 무엇인지, 어떤 사람이 되고 싶은지를 깊이 생각할 수 있는 기회를 제공한다. 자신의 내면을 탐구하고, 진정한 자아를 발견하는 시간은 곧 자신감으로 이어진다. 자신이 누구인지 알고, 무엇을 원하고, 어디로 가고 싶은지를 알게 되면, 우리는 더이상 외부의 평가에 흔들리지 않는다. 스스로의 가치를 인정하고, 자신을 사랑하는 법을 배워보자.

혼자 있는 시간을 활용하는 법

1. 혼자 있는 시간을 자기계발에 투자한다. 새로운 기술을 배우거나, 독서를 통해 지식을 넓히는 것은 자신의 능력을 향상시키고, 더 큰 자신감을 갖게 한다.

2. 자신이 좋아하는 취미를 즐긴다. 그림 그리기, 음악 감상, 요리 등 자신을 즐겁게 하는 활동을 통해 스트레스를 해소하고, 긍정적인 에너지를 얻을 수 있다.

3. 규칙적인 운동은 신체와 정신의 건강을 모두 증진시킨다. 혼자서도 쉽게 할 수 있는 요가, 달리기, 걷기 등을 통해 몸과 마음을 건강하게 유지하자.

4. 명상을 통해 마음을 평온하게 하고, 자신을 깊이 성찰하는 시간을 가져보자. 이는 정신적인 안정감을 주고, 더 나은 결정을 내리는 데 도움이 된다.

내 앞에 닥친 문제를 당장 해결하지 않으면 큰일이 날 것처럼 생각하고 행동해서 오히려 본인보다 주변 사람을 더 불안하게 만드는 사람처럼 자존감 낮은 사람의 배려는 까고 보면 자신의 부족함을 가리는 도구에 지나지 않는 것이다.

혼자일 때 느끼는 외로움을 긍정적으로 받아들이는 첫걸음은 그것을 인정하는 것이다. 나만 느끼는 것이 아니기 때문에 부끄러운 것이 아니며, 피해야 할 것도 아니다. 혼자라는 것, 외롭다는 것을 인정하고, 그것을 성장의 기회로 삼자.

인생을 살면서 그토록 갈구하는 행복이나 사랑은 내가 나답게 살아갈 때 비로소 완성된다. 모든 것이 충만한 상태에서 무언가를 선택하는 것과 불안정한 상황에서 선택하는 것은 천지 차이다. 사람은 누구나 독립된 공간을 필요로 하고 나만의 공간에 아무나 들이고 싶어 하지 않는다. 좋든 싫든 인간은 관계로부터 완전히 자유로울 수가 없다.

사회적으로 성공한 사람이라 하더라도 관계성은 빵점일 수가 있다. 리더의 성공이란 때로는 지독히 고독한 과정에 치열한 자신과의 싸움과 어떤 부분의 포기에서 만들어지기 때문에 주변의 많은 사람들을 입맛대로 맞춰가며 살 수가 없다. 반대급부적인 관계의 상실과 공허함은 시대가 바뀌가면서 점점 커지고 대인관계 공허함을 채우지 못해 사람들의 마음은 점점 더 고독하고 황폐해져 간다. 그 허전함이 때문인지 사람들은 핸드폰에 매달릴 때가 있다. 모든 것이 끝나고 혼자 집에 있을 때나 상대와 만날 때에도 어딘가를 갈 때나 무엇을 할 때도 손에서 핸드폰을 놓지 않는다.

혼자 외롭게 지내고 싶은 사람은 없다. 인간관계에 상처받고 지쳐서 "사람들이라면 지긋지긋해!"라고 외치는 사람도 결국엔 사람으로 인해 상처가 치유되고 위로받는다. 온전히 자신에게 집중하는 시간이 있어야 내가 정말 외로울 때 감정을 똑바로 보고 헤쳐나갈 수 있다. 혼자 있는 게 견딜 수 없이 허전하고 불안정한 감정이 든다면 그냥 앞에 놓인, 할 수 있

는 일을 하는 것이 좋다. 집중하려 애쓰지도 말자. 그냥 뭐가
됐든 몸을 쓰는 일을 하든 멍 때리든, 내키는 것을 하고 있으
면 된다. 그러다 보면 내 마음이 원하는 것을 알고 어떤 것을
해야 즐거움이 생기는지 조금씩 알게 될 테니까.

조바심 내지 말자. 남들도 다 그렇게 산다.

08

기회의 두드림

　인생을 살아가며 수많은 기회와 마주한다. 때로는 기회가 명확하게 우리 앞에 다가오지만, 또 어떤 때는 기회가 잘 보이지 않는 문 뒤에서 우리를 기다리고 있을 때도 있다. 인생에서 찾아오는 다양한 기회를 포착하고 기회의 문을 두드리기 위해 필요한 자기 자신에 대한 믿음, 끊임없는 노력, 그리고 용기를 살펴보자.

　기회란 흔히 특정한 상황이나 맥락에서 더 나은 결과나 가능성을 얻을 수 있는 순간을 의미한다. 자신에게 유리한 방향으로 흐르는 특정한 조건이나 상황에서 비롯되고 때로는 준비된 자에게만 보이는 특별한 순간이기도 하다.

기회는 여러 형태로 나타나는데 예를 들어, 학업, 경력, 사랑, 인간관계 등 다양한 삶의 분야에서 기회가 존재한다. 성공으로 가는 지름길을 찾는 것은 쉽지 않지만, 그 기회를 적극적으로 찾아 나서야 한다. 자신을 믿는 것은 기회의 문을 두드리기 위한 첫걸음이다.

과학자 토머스 에디슨의 "성공은 대개 실패의 문턱에서 포기하지 않는 자의 것이다."라는 말은 자기 자신에 대한 믿음과 끈기가 얼마나 중요한 것인지를 다시금 생각하게 한다.

'운은 준비된 자에게만 온다'는 격언처럼, 기회는 항상 준비된 자에게 열리고. 기회는 종종 사람과의 관계 속에서 생겨난다. 다양한 분야의 사람들과의 교류를 통해 새로운 관점을 얻고, 예상치 못한 기회를 발견할 수 있다. 특히 서로의 장점을 활용하여 함께 성장할 수 있는 파트너를 찾는 것은 매우 중요하다.

익숙하지 않은 분야나 새로운 도전에 직면할 때는 누구나 불안함과 두려움이 생기기 마련이다. 그러나 그 두려움을 극복하고 한 걸음 내디딜 때 더 큰 성장과 기회가 주어진다. 많은 사람이 실패를 두려워하여 기회에 도전하지 않거나 포기하는 경우가 많다. 그러나 실패는 성공의 일부분이며, 실패를 통해 배우고 성장하는 과정을 거쳐야만 진정한 성공에 도달할 수 있다.

　미국의 기업가 헨리 포드는 "실패는 단지 더 현명하게 다시 시작할 수 있는 기회에 불과하다."라고 말했다. 이렇듯 기회가 왔을 때 망설이지 않고 도전하는 용기가 중요하다. 실패 후에는 그 원인을 분석하고, 개선할 방법을 찾아야 한다. 자신의 실수를 객관적으로 평가하고, 개선점을 찾아내는 과정은 반복적인 실패를 방지하고 더 나은 결과를 얻는 데 도움이 된다. 이를 위해 "무엇이 잘못되었는가? 어떻게 개선할 수 있는가?"와 같은 질문을 스스로에게 던져보자.

　실패와 좌절을 극복하는 데 중요한 것은 자기회복력 resilience이다. 이는 어려운 상황에서도 긍정적인 태도를 유지하고 빠르게 회복할 수 있는 능력인데, 자신을 긍정적으로 생각하고 주변의 지지와 도움을 받으며 회복력을 기르는 것이 중요하다. 하고자 하는 일에 리스크가 존재하더라도 과감한 시도를 통해 배울 수 있는 기회가 더 많아진다.

　'아무것도 시도하지 않는 것은 가장 큰 위험을 감수하는 것'이라는 말이 있듯이, 기회가 왔을 때 적극적으로 행동해야 한다. 기회를 잡았다면, 그것을 현실로 만들기 위해서는 구체적인 계획이 필요하다. 계획은 목표를 달성하기 위한 청사진이며, 이를 통해 다음 단계로 나아갈 수 있다. 예를 들어, 새롭게 시작한 사업 아이디어를 구체화하기 위해 사업 계획

서를 작성하거나, 목표 달성을 위한 구체적인 로드맵을 만들어야 한다.

그러나 계획만 세워서는 기회를 현실로 만들 수 없다. 지속적인 실행이 필요하다. 꾸준한 노력과 헌신을 통해 목표를 향해 나아가야 한다. 특히, 작은 단계별 성과를 이뤄내는 것은 큰 목표를 달성하는 데 있어서 중요한 발판이 된다. 기회가 성공적인 결과를 낳기 위해서는 끊임없는 개선과 노력이 필요하다. 주변의 피드백을 수용하여 부족한 부분을 보완하고, 새로운 시각에서 문제를 바라보는 것이 중요하다.

그럼 성공적인 기회 포착 사례를 찾아보자. 1994년 온라인 서점 아마존을 창업한 제프 베조스Jeff Bezos는 당시 인터넷 시장이 폭발적으로 성장하고 있다는 사실을 포착해 안정적인 직장을 그만두고 과감하게 도전했고 이후 상품의 다양화를 통해 세계 최대의 전자상거래 기업으로 성장했다. 스티브 잡스는 한때 자신이 설립한 애플에서 해고되는 시련을 겪었지만 새로운 기회를 찾아 넥스트NeXT와 픽사Pixar를 설립했고, 이 두 회사 모두 성공적으로 성장시킨 후 애플로 복귀하여 혁신적인 제품들을 출시하며 애플을 세계 최고의 기업으로 만들었다. 모두 실패를 마지막으로 생각하지 않고 또 다른 시작과 기회의 발판으로 삼았기에 성공한 사례다.

그러나 모든 사람이 실패 후 꼭 성공을 거두는 것은 아니다. 기회 포착 능력을 향상시키기 위해서는 먼저 관심 분야에 대한 정보 수집이 필수적이다. 관련 뉴스, 전문 서적, 기사 등을 통해 최신 동향을 파악하고, 이를 토대로 새로운 기회를 예측한다. 주기적으로 내가 하고자 하는 일의 트렌드를 분석하고 자신의 목표와 관련된 분야에서 일어나는 변화를 파악한다.

창의적인 사고방식은 기존의 틀에서 벗어나 새로운 기회를 발견하는 데 도움이 된다. 때로는 특별한 목적 없이 주변 사람들과 대화하면서 예상치 못한 곳에서 기회를 찾을 수 있다. 다양한 분야의 사람들과 교류하여 그들의 경험과 인사이트를 얻는 것이 중요한데, "네트워킹은 가장 강력한 자산이다."라는 말을 기억하고, 인간관계를 구축한다.

이외에도 새로운 경험에 도전함으로써 기회를 만들 수도 있다. 여행, 새로운 취미, 공부 등 평소에 하지 않았던 것을 시도하여 더 많은 것을 배운다. 이처럼 기회의 두드림은 단순히 기회를 기다리는 것이 아니라 스스로 성공의 문을 두드리고, 만들어가는 과정이다. 인생에서 찾아오는 기회를 놓치지 않고 잡기 위해서는 자기 자신에 대한 믿음, 목표 설정, 끊임없는 자기계발, 그리고 용기가 필요하다. 실패를 두려워하지 않고 지속적으로 실행하며, 끊임없이 배워나가는 자세를 갖춘다면 우리는 앞에 놓인 어떤 문이든 열 수 있다. 기회의 문을 두드리는 용기를 가지고, 꾸준한 노력으로 현실의 성공으로 변화하는 순간을 만들어보자. 전문성을 갖추고 자신의 브랜드를 구축하여 사회적으로 명성을 쌓아가는 것도 중요하다. 이러한 과정을 통해 우리는 기회의 문을 두드리고 성공의 문을 열 수 있을 것이다.

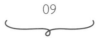

09

실패해도 멈추지 않는다

성공이라는 열매를 따기 위해 남들보다 더 열심히 노력하고 뛰었지만 결정적인 순간에 깨워줄 이가 아무도 없는 우화 속 토끼와 같은 사람이 자신일지도 모른다는 생각을 해본 적이 있는가? 좌절하고 있을 때나, 어느 방향으로 가야 할지 몰라 갈피를 못 잡고 곤경에 처해 있을 때 손 내밀어줄 사람이 당신에겐 있는가?

성공을 눈앞에 두고도 사람 때문에 위축되고, 자신의 가치를 알아줄 사람을 만나지 못해 능력을 발휘하지 못하는 경우, 언제나 성공의 마지막 순간은 '사람'이 결정한다는 것을 알면서도 사람들은 가끔 효율적인 인맥에 대해 오해한다. 그것은 혈연, 지연, 학연이나 누가 실세인지 재빨리 파악하여 줄 서는 것, 또는 아는 사람이 많고 인맥이 넓은 것 등의 단순히 어떤 연결고리로 누구를 안다는 차원이 아니라 실제로 상호 간에 얼마나 '영향력 있는 존재'가 되느냐 하는 것이 진정한 인맥을 만들고 유지할 수 있게 하는 것이다.

그저 가볍게 만나서 웃고 즐길 수 있는 100명보다 세상과의 연결에 도움이 될 수 있는 한 사람 즉, 내가 필요한 때에 나를 위해 거기 있어줄 수 있는 그 한 사람을 만나고 관계를 유지하는 것이 더 중요한 때다.

어떤 일이든 단기적인 시야에서 출발하면 순간의 이익을 창출하는 데 그치고 만다. 진정으로 인생에서 성공하길 원한다면 장기적인 목표 아래 전략과 실천 방안을 세우고 과감히 투자해야 하는데 그것은 인간관계도 마찬가지다. 즉각적인 효과를 기대하지 말고 장기적인 관점으로 사람들에게 투자하면 결정적인 순간에 그 빛을 발휘할 수 있는데, 여기서 투자란 다름 아닌 내가 필요한 사람들을 향한 나의 끊임없는 관심과 애정에서 비롯된다.

성공과 실패는 우리 삶의 모든 분야에서 필연적으로 찾아오는 두 얼굴이다. 많은 사람들은 성공의 순간을 찬양하며 기념하지만, 실패는 종종 피하고 싶은 불청객으로 여겨진다.

그러나 실패는 우리가 성장하고 진정한 실력을 발휘할 수 있는 중요한 기회를 제공한다. 실패에도 불구하고 멈추지 않으며, 자신의 능력을 말로 표현하기보다는 행동으로 증명하는 것의 중요성을 살펴보자.

먼저, 실패의 가치를 인식하는 것이 중요하다. 실패는 우리의 약점을 드러내거나 때로는 포기하고 싶은 마음이 들게 한다. 하지만 이를 극복하고 다시 도전하는 자세는 우리의 인내심과 끈기를 보여주는 중요한 척도이다. 실패를 경험한 후에도 계속 도전하는 사람들은 그렇지 않은 사람들보다 더 큰 성공을 이룰 가능성이 높다고 한다. 이는 실패를 경험하면서 얻은 교훈과 경험이 성공으로 가는 길을 더욱 단단하게 다져주기 때문이다.

예를 들어, 마이클 조던은 고등학교 농구 팀에서 탈락한 후에도 포기하지 않고 끊임없이 연습하여 NBA의 전설적인 선수로 성장했다. 그는 "나는 내 인생에서 9,000번 이상의 슛을 놓쳤고, 거의 300번의 경기를 패배했다. 26번이나 경기의 승부를 결정짓는 슛을 놓쳤다. 나는 수없이 실패했다. 그래서 나는 성공할 수 있었다."라고 말했다. 조던의 사례는 실패가 우리의 능력을 연마하고, 성공을 위한 발판이 될 수 있음을 잘 보여준다. 또 다른 예로, 조앤 K. 롤링은 첫 번째 해리 포터 책이 여러 출판사에서 거절당했음에도 불구하고 포기하지 않았다. "우리가 얼마나 깊이 떨어졌는지는 중요하지 않다. 다시 일어설 수 있는 능력이 진정으로 중요한 것이다."라고 말했다. 그녀의 이러한 삶의 태도는 결국 전 세계적인 베스트셀러 작가로 만들어 주었다.

우리가 실패를 극복하고 성공을 이끌어내기 위해서는 자신의 능력을 말로만 표현하는 것이 아니라, 행동으로 증명하는 것이 중요하다. '말보다 행동'이라는 격언은 이 점을 잘 설명한다. 예를 들어, 직장에서 자신의 능력을 말로 강조하는 것보다는 프로젝트를 성공적으로 수행함으로써 그 능력을 입증하는 것이 더 효과적이고 연인에게 "나만 믿어."라며 말로 하는 것보다는 믿음직한 행동을 실천하는 것이 더욱 신뢰를 얻고, 자신의 가치를 인정받는 길이다.

그렇다면 실패를 성공으로 전환하기 위해 어떤 전략이 필요할까?

첫째, 실패를 객관적으로 분석하고, 그 원인을 명확히 파악하는 것이 중요하다. 이를 통해 같은 실수를 반복하지 않고, 보다 나은 전략을 세울 수 있다.

둘째, 실패에 대한 두려움을 극복하고, 실패를 성장의 기회로 받아들이는 긍정적인 마음가짐을 유지해야 한다.

셋째, 실패 후에도 포기하지 않고 끊임없이 도전하는 인내심과 끈기가 필요하다. 이는 결국 우리의 능력을 증명하고, 성공으로 이어지는 중요한 요소가 된다.

삶이란 나 자신이 세상에 대한 바라는 것 속에서 이루기와 잃기, 얻기와 버리기의 치열한 싸움이다. 일상의 많은 일들 가운데 정말 내 삶을 아름답게 하고 의미 있게 하는 것들만 남기고 버리고 비우고 싶지만 실천은 어렵기만 하다.

성공도 실패도 사람과 사람의 관계를 통해 시작되고 만들어진다. 인간은 과거의 기억을 통한 경험으로부터 선택되어 현재와 미래를 살기 위한 시야를 만들고 그렇게 정해진 틀안에서 살게 된다. 그렇게 만들어낸 세상은 좁은 틀에 가려져 너무나 작기만 한데도 사람은 그 패러다임에 빠져 자신이 보는 시야의 한계가 세상의 전부인 양 간주해버린다.

자신이 한계로 그어버린 시야를 넓힌다는 건 현실을 달리 살아보겠다는 것이다. 같은 일에 부딪혔다 하더라도 모든 사람이 똑같은 경험을 하는 것은 아닌 것처럼. 어떤 사람에게는 감동적인 체험도 같은 걸 겪는 다른 사람에게는 힘든 최악의 순간이 되는 일이 비일비재하다.

이렇게 실패는 우리의 인생에서 피할 수 없는 부분이지만, 그것을 어떻게 받아들이고 극복하느냐에 따라 우리의 삶은 크게 달라질 수 있다. 실패에도 불구하고 멈추지 않고, 자신의 능력을 말로 표현하기보다는 행동으로 증명하는 자세는 우리의 성공을 이끄는 중요한 열쇠가 된다.

10

자신만의 고유함으로
삶에 의미를 부여하라

우리는 각자 세상에 단 하나뿐인 존재다. 누구처럼 살 필요는 없다는 것을 잘 알지만 많은 사람들이 자신의 고유함을 발견하고 발전시키는 데 어려움을 겪는다. 그렇다면 자신만의 고유함을 알아차리고 만들어 나가는 방법과, 그것이 어떻게 우리의 삶에 의미를 부여할 수 있는지에 대해 알아보자.

고유함을 발견하는 첫걸음은 자기 자신을 깊이 이해하는 것이다. 남들이 "너는 너무 평범해서 할 수 없어."라고 말한다고 해도 스스로 인지하고 방법을 찾으려 애쓰며 실행한다면 자신의 경험과 감정을 인생 캔버스에 담아 멋진 그림을 그릴 수 있을 것이다.

자신의 고유함을 발견하는 방법

1. 자아성찰: 매일 자신이 느끼는 감정, 생각, 경험을 기록하는 일기를 써보자. 이를 통해 자신의 내면을 더 잘 이해할 수 있다.

2. 강점 발견: 자신이 잘하는 것과 좋아하는 것을 목록으로 작성해본다. 이는 당신의 강점과 흥미를 파악하는 데 도움이 된다.

3. 피드백 받기: 친구, 가족, 동료에게 자신의 강점과 독특한 점에 대해 물어보자. 다른 사람의 관점은 자신을 더 명확히 이해하는 데 도움이 된다.

4. 새로운 경험: 다양한 활동에 참여해보자. 여행, 새로운 취미, 봉사활동 등은 자신의 숨겨진 고유함을 발견하는 기회가 될 수 있다.

자신만의 고유함 만들기

고유함을 만들기 위해서는 이를 적극적으로 개발하고 표현하는 것이 중요한데, 다음은 고유함을 만드는 몇 가지 방법이다.

1. 지속적인 학습: 자신의 관심사와 관련된 지식과 기술을

지속적으로 배워보자. 이는 고유한 전문성을 쌓는 데 도움이 된다.

2. 창의적 표현: 예술, 글쓰기, 음악 등 창의적인 활동을 통해 자신의 고유한 생각과 감정을 표현해보자.

3. 목표 설정: 자신만의 목표를 설정하고 달성해보자. 이는 자기 발전의 원동력이 된다.

4. 네트워킹: 비슷한 관심사를 가진 사람들과 교류하며, 서로의 고유함을 공유하고 배우자.

고유함으로 삶에 의미 부여하기

고유함을 발견하고 발전시키는 과정에서 삶의 의미를 찾을 수 있다. 다음은 고유함이 삶에 의미를 부여하는 몇 가지 방법이다.

1. 자아실현: 자신의 고유함을 인식하고 발전시키는 과정에서 자아실현을 경험할 수 있고 이는 삶의 만족도를 높인다.

2. 공헌과 봉사: 자신의 고유한 재능과 능력을 활용해 다른 사람들에게 도움을 줄 때, 깊은 의미와 보람을 느낄 수 있다.

3. 성장과 발전: 고유함을 발전시키는 과정에서 개인의 성장과 발전을 경험하게 되는데 이는 지속적인 동기부여와 삶의 활력을 제공한다.

4. 연결과 소속감: 자신만의 고유함을 다른 사람들과 공유하고 인정받을 때, 강한 연결과 소속감을 느낄 수 있다. 이는 인간관계의 질을 높이고, 삶의 의미를 더해준다.

  미국의 유명한 천문학자 칼 세이건은 이렇게 말했다. "우리는 별의 물질로 만들어졌다." 이 말은 단순히 시적인 표현이 아니다. 우리의 몸은 수십억 년 전 별의 폭발로 만들어진 원소들로 구성되어 있는데, 그 자체로 우주와 연결된 고유한 존재다. 자신만의 고유함을 발견하고 발전시키는 것은 별이 폭발하여 빛나는 순간처럼, 우리의 삶을 빛나게 만든다. 자신만의 고유함으로 세상을 밝히는 그 순간, 우리는 비로소 진정한 삶의 의미를 찾게 될 것이다.

  자신만의 고유함을 발견하고 발전시키는 과정은 삶에 깊은 의미를 부여하는 중요한 여정이다. 자아성찰, 강점 발견, 새로운 경험을 통해 고유함을 알아차리고, 창의적 표현과 지속적인 학습을 통한 발전은 결국, 고유함을 통해 자신을 실현하고, 다른 사람들에게 긍정적인 영향을 미치며, 풍요로운 삶을 살아갈 수 있게 만든다. 자신만의 고유함으로 삶에 의미를 부여해보자.

  당신은 세상에 단 하나뿐인 특별한 존재다.

11

가장 소중한 자본으로
내 몸 대하기

나이가 들어가면서 확실히 실감하게 되는 것은 바로 체형의 변화이다. "내가 젊었을 때는 말이야,"라거나 "나도 네 나이 때는 그랬어."라는 말을 하고 '젊은 시절에 굉장히 미인이셨겠어요.' 라는 말을 들으면서 왠지 섭섭한 것은 서글프지만 지금 자신이 아름답지 않다는 것을 인정하고 있다는 것이다.

나이가 들어 체형이 바뀌었다고 해서, 아무도 나를 멋있다고 말해주지 않는다고 해서, 지금의 내가 포기해선 안 되는 것은 누구도 흉내 낼 수 없는 나다운 아름다움이다. 나이를 먹으면 신진대사가 떨어지고 중력의 저항도 약해서 신체에 필요 없는 군살이 쉽게 붙거나 쳐진다. 사람이기 때문에 어느 정도는 감수에 대할 변화인데 이때 가장 중요한 것은 자신의 몸을 포기하고 망가진 체형과 불안전한 건강 상태에 안주하는 것이 아니라 열심히 나이에 걸맞은 매력을 살리거나 지금 내 몸을 위해서 할 수 있는 일에 대해 최선을 다해주는 거다.

우리 외모는 어디까지나 우리가 살아가는 데 있어서 포장에 지나지 않는다. 그런데 생각해보자. 정말 멋진 내면의 가치를 가진 내가 있는데 포장이 허술해서 상대방이 갖고 싶어 하지 않는다면, 필요한 어떤 상황에서 선택되지 않는다면 멋진 나의 가치를 보여 줄 수 있는 기회조차 없어진다. 그렇기 때문에 정말 사치스럽지 않게라도 타인이 선택하고 싶고 갖고 싶은, 손이 끌리는 외면의 가치를 지니기 위한 포장은 내가 원하는 세상의 모든 기회를 갖고, 선택받기 위한 하나의 방법일 수 있는 것이다.

'20세까지 얼굴은 자연을 선물이고 50세의 얼굴은 자신이 업적'이라는 가브리엘 샤넬이 했던 말이 있다. 20대까지는 타고난 아름다움이 돋보이지만 그 이후로는 타고난 아름다움 사라지기 때문에 우리는 그에 의존하는 것이 아니라 내 존재의 자체만으로도 아름답기 위해서 무엇인가 목표를 정하고 이루고 만들어내야 한다.

어딘가에 파묻혀 사람들에 의해 발굴되기 전에 한낱 원석이었을 보석은 누군가 발견하고 진심으로 문질러서 가공을 해야만 아름답게 빛나는, 사람들이 눈부시게 환호하는 보석이 된다. 나만의 특별한 아름다움은 오히려 나 자신만 잘 모를 수도 있다. 나를 발견하고 다듬어 보석으로 만들 수 있는 좋은 안목을 가진 사람들로 내 주변을 채워보자.

"현재 자신의 모습에 만족하고 있습니까?"라고 누군가 물어본다면 당신은 어떻게 대답할 수 있을까? 만족할 수 있는 나를 만들기 위해서 어떤 게 필요하다고 하십니까? 라고 물어봤을 때 그것에 대해 정확히 알고 있는가? 사람은 자신의 모습에 만족하는 것도 필요하지만 이상적인 자신의 모습을 명확하게 그려보는 것도 필요하다. 이상적인 자신의 모습이라는 것은 누군가를 동경해서 만들어지는 것도 있을 수 있지만 '내가 몇 살이 되었을 때 나는 이런 모습이었으면 좋겠어.' 하고 구체적으로 생각해보는 것도 필요하다.

자신의 이상에 도달하기 위해서 자신이 갖춰져야 할 조건이 명확해지면 사람들은 너 나 할 거 없이 빨리 달려가고 싶어 한다. 그러나 여기서 무작정 목적지만 확인했다고 내달리는 사람과 목적지를 어떤 방법으로 어떻게 갈 것인가를 명확하게 판단해 결정하는 사람은 결과에서 많은 차이가 난다.

목적지는 가는 길에 맞춰 선택한 이동 수단에 따라 달라지는데, 자신이 걸어가야 할 길을 명확하게 파악하면 그것은 두 배로 빨라진다. 다른 사람이 무엇을 배우기 시작했다는 이야기를 듣고 그것을 따라 배우는 사람, 뭐든 이것저것 시작은 열심히 하는데 끈기가 부족해서 항상 흐지부지하는 사람, 이런 사람들이 목적지도 모른 채 무작정 앞으로 나가는 것을 보면, 도대체 어디로 가는 걸까? 진짜 하고 싶은 걸 알기나 할까? 하는 생각이 들 때가 있다.

나 자신을 목적지로 이끄는 가장 좋은 방법은 어딘가로 향하기 전에 나갈 길을 정확하게 파악해 두는 것인데 이것은 내 목표에 확신을 가지고 앞으로 나가는 데 도움이 된다. 제대로 내가 가고 있는 걸까? 라는 질문을 가지고 목표를 명확하게 인식했다면 내가 가고 있는 현재 상황을 파악한 후에 목표와 현재 상태의 갭을 줄이기 위해서 무엇을 내가 어떻게 해야 하는지 결정하고 그것에 대해 전략을 세워서 임하는 것이 좋다.

무슨 일이든 어렵거나 복잡하게 하면 오래 지속하기 힘든 법이다. 너무 성실하거나 지나치게 노력하면 사람들이 보기에도 너무 필사적으로 매달리는 듯한 느낌이 나서 오히려 좋아 보이기는커녕 '너무 욕심이 지나친 거 아냐?' 하고 느껴지기도 한다. 머리로 이것저것 예측하고 심각하게 생각하는 것보다는 편안하게 하루하루 습관이 되게끔 연습하는 것이 좋다.

헬스를 새로 시작했는데 열심히 몸을 움직이다가 숨이 턱 끝에 닿아서 더 이상은 무리라고 생각했을 때 트레이너는 옆에서 "한 번 더! 한 번만 더!"라고 외친다. 숨이 턱이 닿은 순간, 중도에서 포기하지 않고 '한 번 더' 했을 때 비로소 원하는 근육이 생긴다. 너무 힘들어서 못 하겠다고 생각하는 순간에 한계를 극복하고 나면 신체 능력이 성장하거나 내 마음에 근육이 단련이 된다. 무엇인가 포기하고 싶은 마음이 들었을 때 '조금만 더 노력하자.'라고 결심하거나 실천하면 내가 생각했던 것보다 삶이 한 단계 더 발전할 수 있다.

똑같이 헬스장을 다닌다고 해도 목표는 다르다. 운동을 해서 몸을 튼튼하게 그리고 멋지게 만들려는 사람, 자기랑 같은 취미를 가진 사람들을 친구로 사귀고 싶어서 가는 사람 등 뭘 하든 자신이 추구하는 방향에 따라 목표도 달라진다. 중요한 건 매 순간 내가 진짜 원하는 것이 어떤 것인지를 알아차리는 것이다. 자기 나름대로 무엇이든 지속할 수 있는 방법이 필요하다.

무엇이든 처음에 잘할 수 있을 거 같아서 꼭 해야만 돼서 이것저것 손대고 벌리다가도 웬일인지 모르게 그만큼 절박했었는데도 끝을 못 내는 경우가 허다하다.

어떻게 하면 꾸준하게 계속할 수 있는가? 어떤 것이 나에게 동기부여가 돼서 이것을 마무리할 수 있는가? 라는 것을 생각해보는 것에는 자기 나름대로의 방법을 만들고 습관화 하고, 실천하는 것에 있다고 할 수 있다.

'매일매일', '요만큼', '요기까지'일지언정 지속하는 것이 한 번에 긴 시간 동안 왕창 하는 것보다 효과적이다. 스스로 자신을 들여다보고 분석해서 강점과 약점을 생각해보자. 우리가 바라는 건 결국 어제보다 나은 오늘, 오늘보다 나은 내일이지 않은가? 자신이 생각하는 이상적인 모습을 위해서 무엇이든 꾸준히 지속할 수 있는 나만의 방법을 찾아내보자.

많은 사람들이 미디어에서 보이는 아름다움을 부러워하며 모방하고 남들은 저렇게 멋지고 예쁜데 나는 왜 이럴까? 하는 자기비하에 사로잡혀 자존감을 떨어뜨린다. 자기애가 없으니 만족도 없는 행복하지 못한 삶을 선택하기도 한다. 내가 자신 없으니 나를 바라보는 타인의 시선 또한 그럴 거라고 지레짐작하면서 말이다.

세월은 유수와 같고 늘어가는 주름 한 줄, 겹치는 뱃살, 옆구리살, 팔뚝살을 나잇살이라고 위로하면서 태연한 척해보지만 어찌 보면 날 힘들게 하는 것은 늘어난 주름과 살에 꽂힌 남들의 시선이 아닌 그럴 거라고 믿어버린, 초라해진 나자신인 것이다.

세상을 살아가면서 들이대는 잣대란 결국 자기 자신이 만드는 것이다.

남의 시선을 받아들여 힘들고 싶지 않다면 그냥 '너는 그러니? 나는 안 그런데.' 하면서 튕겨버리면 어떨까? 결국 남의 시선을 탓하기 전에 자신을 평가하는 나의 시선이 어땠는가를 먼저 돌아봐야 한다. 아무도 내 삶을 대신 살아주지 않기에 나 자신을 멋대로 평가하는 것을 받아들여서는 안 된다. 자신 있고 행복한 삶을 살기 위하여 내가 누구인지를 찾고 무엇을 원하고 있는지를 찾아보자.

그리고 아침에 일어나 거울 앞에 서면 이렇게 말해보자.

세상에서 내가 제일 예쁘다!

12

인생의 재충전은 없다는 듯이 살아라

사람들이 많이 모이는 자리에 가면 대부분의 사람들이 두리번거리다가 자기가 설 자리를 정하곤 한다. 자신감이 있거나 나서기를 좋아하는 사람들은 가운데나 앞쪽을 향해 가고, 내성적이거나 눈에 띄는 것이 싫은 사람들은 가장자리나 맨 뒷자리를 선택한다. 언제라도 무슨 일이 생겼을 때 얼른 그 자리를 빠져나갈 수 있는 자리를 말이다. 그런데 눈에 띄기를 원하는 사람들이 가운데나 앞자리에 서지만 정작 그 모든 상황들을 둘러볼 수 있는 여유를 가질 수 있는 사람은 맨 뒷자리에서 있거나 가장자리에 있는 사람들이다.

당신이 어느 쪽을 택하는 선택은 앞으로 인생을 사는 동안 내 위치를 만든다. 아무리 능력 있고 가진 게 많은 사람이라도 가끔은 지친 나의 등을 두드리며 격려해줄 사람이 필요하고 내 손을 잡고 토닥거리며 따뜻함을 전해줄 수 있는 사람이 필요하다고 느낄 때가 있다. 난 그런 것 따위는 필요 없다고 말하는 사람이 없는 건 아니겠지만 사람이기 때문에 더불어 사는 세상이기 때문에 우리는 그 속에서 내가 어떻게 살아가고 있는지를 신경 쓸 수밖에 없다.

당신에겐 지금 삶에 대해 간혹 느끼는 두려움과 불안한 미래에 대한 막연한 걱정에서 벗어나게 해줄 무언가가 필요한가? 내가 무료하다 느끼는 나의 삶에 활력소가 되고 무언가 당신의 삶을 빠르게 바꿔놓을 계기가 필요한가? 그냥 막연히 열심히 해야 한다는 생각만 가지고서는 나는 어떤 것도 해낼 수 없고 더 이상 지금의 자리에서 한 발짝도 앞으로 나갈 수가 없다.

매일매일 자신이 부족하다고 느끼며 행복해지는 남들보다 더 잘나고 싶은 마음에 목말라하며 성공을 갈구한 채 죽어라 노력한다고 해도 그 자리에서 뱅뱅 맴돌 뿐이다. 열심히만 하면 뭐하는가? 지금 제대로 된 방향을 설정하고 목표를 정해 가고 있는가? 길을 잘못 들었는데 죽어라 내달린다면 그 끝엔 어떤 결과가 있을까?

누구나 그렇겠지만 인생은 계속 나에게 최선의 답을 가르쳐 주지 않은 채 보채고 요구만 할 때가 있다. 삶이 나에게 그런 것을 요구하지 않더라도 욕심에 무언가 성취를 하고자 애쓰는 사람이라면 자신을 끊임없이 질책을 하면서 '너는 왜 이렇게밖에 살지 못하니? 여기서 멈추고 싶은 건 아니잖아. 왜 그래?'라는 질문을 자꾸만 던지며 스스로를 재촉하곤 한다.

그저 모든 것이 막막할 때 나는 어떻게 대처하는가? 누구나 자신이 원하는 것을 얻을 수는 있다. 그러나 답을 얻는 사람과 그렇지 못한 사람으로 나눈다는 것은 마지막 단계에서 내가 나를 둘러싼 강박과 허물을 온전히 벗어내느냐 그렇지 못하느냐의 차이일 수도 있다. 지금 당신이 내가 원하는 성공을 하지 못한 사람이라고 느낀다면 당신이 비겁하거나 용기가 없거나 모자라서가 아니라 어쩌면 상식적이고 합리적으로 굉장히 열심히만 살고 있는 사람이기 때문일 것이다. 우리는 현실을 새롭게 조정하고 만들어낼 수 있는 힘을 갖고 있지만 그 한계를 벗어날 수 있는 힘은 내가 세울 수 있는 최대한 담대한 목표와 세상을 향한 질문에서 시작이 된다. 성공이라는 것은 100%의 노력만이 필요한 것은 아니다. 100%의 능력이 있어야 이뤄지는 것도 아니다.

사람들은 누구나 성공한 삶을 살기 위해서는 여태까지 살아온 나태했던 뭔가 조금은 부족했던 자신을 버리고 완전히 새롭게 리셋하고 달려 나가야 된다고 생각할 수 있지만 그렇게 죽기 살기로 몸부림칠 필요가 없다. 자기가 잘할 수 있는 최소한 일을 얼마나 자주 하느냐에 따라서 루틴을 만들고 이 작은 습관들이 모여야 결국엔 내가 이룰 수 있는 큰 성과가 되기 때문이다.

주변 사람들에게 인기가 많은 사람, 그리고 성공한 사람들에게는 어떤 공통점이 있을까? 대부분의 성공한 사람들은 자신의 약점을 잘 알아차린다. 그리고 자신의 강점 또한 잘 알고 있다. 그리고 그것을 어떻게 사용해야 하는지도 잘 안다.

똑같은 출발선에 서서 무언가 목표를 향해 가더라도 내가 나 자신을 얼마나 알고 있는가는 내 삶에 있어서 큰 동력이 된다.

인생에 있어서 욕심이 있다는 것. 남들보다 성공하고 싶고 잘살고 싶다는 것은 당신이 성공이라는 의미를 어떻게 정의하든지 간에 노력을 통해서 얻어진 올바른 경험으로 자신에 대한 신뢰를 작은 습관을 통해서 쌓아가다 보면 반드시 내가 원하는 목표를 이룰 수 있다.

사실 드러내 보이지 않을 뿐이지 사람들은 모두 마음 안에 굉장한 두려움과 약점 등을 가지고 있다. 그러한 약점이 있더라도 그것을 타인에게 보이기보다는 자신들이 갖고 있는 강점을 극대화시키는 방법을 잘 보여주는 쪽을 선택해 표현하는 방법을 잘 알고 있을 뿐이고 성공할 사람과 그렇지 못한 사람의 차이는.

자신의 내면을 얼마나 잘 알고 그 힘든 싸움에서 자기 자신을 극복해냈는지에 따른 것이다.

무언가를 하고 싶을 때 세 가지를 기억하자.

첫째, 어떤 결정을 내릴 때 나의 경험에 맞는 아니면 누군가 내가 닮고 싶은 사람들이 얘기하는 원칙을 믿고 따를 것. 그리고 열심히 적용하면서 나에게 맞게 만들고 실천해가는 일이다.

둘째, 장기적인 계획을 세울 수 있다면 과거의 내 모습에 연연하지 말고 현재 나의 에너지를 낭비하고 있는 무엇인가를 찾고 생활 속에서 지우고 비워내자.

셋째, 어떠한 상황에서도 나 자신의 좋은 본성과 평정심을 잃지 않고 내 앞에 있는 어려움과 시련을 견뎌낼 수 있다는 자신감과 자기확신을 갖는 것이다.

어떤 사람은 내가 얻는 것, 만들어 내고 갖는 것에 급급한 사람이 있는 반면에 어떤 사람은 내가 갖기보다 있는 것에서

버릴 수 있는 것들을 찾아 점점 심플하게 삶을 관리를 하면서 내가 이뤄야 할 목표로 할 수 있는 최소한의 한두 가지에 집중한다.

사람들은 일상에 있어서 타인에게 지는 것보다 이기는 걸 우선시한다. 남보다 먼저 아침을 열고 무언가를 하나 더 하고 더 빨리 이루기 위해 뭔가를 했다는 사실이 그들의 삶에 끼치는 긍정적인 영향력은 실로 강력한 에너지를 준다.

성공했던 방법을 두 번 쓰지 마라. 주식을 하면서 어떤 종목을 운 좋게 저점에서 매수해 고점에서 매도를 해서 그날 돈을 벌었다고 치자. 그런데 이 방법이 잘될 거 같아서 반나절이 지난 다음에 같은 기법으로 다시 한번 매수를 걸고 매도를 하려고 하면 그날 벌어들인 좀전의 수익보다 크게 물리거나 잃게 되는 경우가 생긴다. 성공했던 방법이라고 해서 그다음 상황에서도 똑같이 그게 통하진 않는 법이다.

"나무를 베는 데 6시간 준다면 나는 4시간을 도끼날 가는 데 쓸 것이다."라는 에이브러햄 링컨의 말처럼, 나에게 주어진 시간을 어떻게 활용하는지는 사람마다 다르다. 어떤 사람은 고집을 부리며 계속 나무를 자를 테고, 또 어떤 사람은 도끼날을 열심히 갈고 날이 선 도끼로 집중해서 나무를 베는 데 시간을 쓴다.

누구에게나 똑같이 주어진 시간을 어떻게 쓰냐는 각자의 몫이다. 지금 나에게 주어진 것들을 지속하고 싶은가? 요즘 같이 빠르게 변화하는 시대에는 뭔가 더 많이 가지려 움직이는 것보다 갖고 있는 것을 지키고 유지하는 것이 낫다고 한다.

그런데 가만히 있으면 모든 것이 그대로 나에게 머물러줄까? 내가 아무것도 하지 않으면 아무 일도 일어나지 않는다. 일도 사람도 움직이는 존재다. 자신이 하고자 하는 일에 동력을 가해보자. 이제 내가 어떤 것을 에너지로 쓰는지 알았다면 집중해서 모아보자. 한 사람의 인생은 안타깝게도 충전해서 다시 쓸 수 있는 배터리가 아니다. 다시 재충전은 없다는 듯이 인생을 살아라.

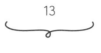

13

지속 가소성

    요즘 자신이 열광하는 것은 무엇인지 알고 있는가? 열광이 뭐지 싶을 정도로 나를 포함한 주변이 흘러가는 대로 사는 것처럼 보인다면 에너지가 고갈되는 중일지도 모른다. 내가 나의 생각을 잘 모르겠는데 타인의 생각을 알 수 없듯이 뭔가를 지속하는 데 있어 중요한 것은 내가 그것을 얼마나 잘 알고 있느냐 하는 것이다.

    지속 가소성이란 인간이 변화하는 환경과 상황에 적응하고 스스로를 개선하며 발전해나가는 능력을 의미한다. 이는 생리적·심리적·인지적 측면에서 모두 적용될 수 있으며, 새로운 경험과 지식을 통해 지속적으로 성장하고 변형될 수 있는 능력을 포함한다. 지속 가소성은 개인이 주어진 상황에서 최선을 다하고, 변화에 유연하게 대응하며, 삶의 질을 향상시키기 위한 노력을 지속적으로 하는 것을 강조하는데, 어떤 일을 지속하지 못하는 이유와 실패하는 이유는 개인마다 다를 수 있지만, 일반적으로 다음과 같은 요인들이 주요 원인으로 작용할 수 있다.

1. 목표 설정의 문제
· 비현실적 목표: 너무 큰 목표를 설정하거나 현실적으로 달성하기 어려운 목표를 세우면, 중도에 좌절하기 쉽다.
· 구체적이지 않은 목표: 명확하고 측정 가능한 목표를 설정하지 않으면 방향을 잃고 동기부여가 떨어질 수 있다.

2. 동기부여 부족
· 내적 동기 부족: 자신의 내적 동기보다는 외부의 압력이나 기대에 의해 행동할 때 지속하기 어렵다.
· 의미와 목적 부재: 행위 자체에 대한 의미나 목적을 찾지 못하면 금방 흥미를 잃고 지속하기 힘들다.

3. 지원 시스템 부족

· 사회적 지원 부족: 가족, 친구, 동료 등으로부터의 지지나 격려가 없으면 혼자서 지속하기 어렵다.

· 자원 부족: 필요한 자원(시간, 돈, 정보 등)이 부족할 경우 지속 가능성이 낮아진다.

4. 계획 및 준비 부족

· 불충분한 계획: 세부 계획 없이 시작하면 예상치 못한 문제에 부딪혀 중도에 포기할 수 있다.

· 준비 부족: 필요한 준비가 되지 않은 상태에서 시작하면 어려움에 쉽게 직면한다.

5. 시간관리 문제

· 우선순위 설정 실패: 중요한 일에 우선순위를 두지 못하면 지속적으로 시간을 투자하기 어렵다.

· 과도한 일정: 현실적으로 소화할 수 없는 일정을 짜면 금방 지치고 포기할 가능성이 높다.

6. 자기통제력 부족

· 즉각적인 만족 추구: 장기적인 목표보다는 즉각적인 만족을 추구하면 지속적으로 노력하기 어렵다.

· 습관 형성 실패: 새로운 습관을 형성하지 못하면 지속적으로 행동을 유지하는 것이 힘들다.

7. 피드백과 자기평가 부족
· 진행 상황 점검 부족: 목표 달성 과정을 점검하고 필요한 수정이나 보완을 하지 않으면 실패할 가능성이 높다.
· 자기평가 부족: 자신의 진척 상황을 평가하고 개선할 부분을 찾지 않으면 지속적으로 발전하기 어렵다.

이 밖에도 목표한 것을 지속하지 못하는 여러 가지 이유가 있겠지만 제시한 원인을 극복하기 위해서는 다음과 같은 전략을 사용할 수 있다.

1. SMART 목표 설정
구체적이고Specific, 측정 가능하며Measurable, 달성 가능하고Achievable, 관련성 있으며Relevant, 시간제한이 있는Time-bound 목표를 설정한다.

2. 내적 동기 부여
자신이 왜 그 일을 해야 하는지, 어떤 의미가 있는지 명확히 하고 내적 동기를 강화한다.

3. 사회적 지원 시스템 구축

가족, 친구, 동료 등 주변 사람들과 목표를 공유하고 지지와 격려를 받는다.

체계적인 계획 수립: 장기 계획과 단기 계획을 세우고 필요한 자원을 확보한다.

4. 효과적인 시간관리

우선순위를 설정하고 과도한 일정을 피하며, 일정을 지속적으로 관리한다.

5. 자기통제력 강화

즉각적인 만족을 피하고 장기적인 목표를 위해 노력한다.

필요한 습관을 형성하고 유지하기 위해 노력한다.

6. 정기적인 피드백과 평가

목표 달성 과정을 점검하고 필요한 수정이나 보완을 통해 지속적으로 개선한다.

번아웃을 극복하고 다시금 삶의 동기부여와 희망을 찾는 과정은 쉽지 않지만, 내가 진정으로 원하는 것이 무엇인지를 정확히 파악하고 그것을 지속하고자 노력하는 과정은 우리를 더욱 강하게 만들고 새로운 시각을 열어준다. 지속가능성은 단순히 물리적, 정신적 건강을 유지하는 것에 그치지 않고, 우리의 삶 전체를 장기적으로 균형 있게 유지하고 발전시켜 나가는 핵심 원리로서 일과 휴식, 사회적 활동과 개인적 시간을 적절히 배분함으로써 새로운 동기부여와 희망을 찾아 여러분의 삶이 보다 행복하고 만족스러운 미래를 향해 나아가길 바란다.

　사람들은 각자 자신의 인생을 살기 때문에 타인에 대해서 늘 신경 쓰고 기억해줄 만큼 결코 한가하지가 않다. 인생은 있는 힘껏 살지 않으면 어느 한 부분에선 반드시 후회를 하기 마련이다. 그렇다고 다른 사람과 늘 비교할 필요는 없다. 누구나 타인보다 나은 삶을 동경하기 마련인데, 비교를 해서 우월함을 느끼는 경우는 거의 없고 늘 나는 부족한 것 같은 기분이 들 때가 더 많다. 남과 비교하는 일은 쓸데없이 골치만 아프다. 일상에 만족하는 사람은 자기확신이 있기 때문에 비교 같은 건 하지 않는다.

자기가 어디까지 열심히 할 수 있을지를 아는 것은 정말 중요하다. 한계를 깨기 위해서 나 자신을 뛰어넘을 인생의 그림을 그릴 수 있다면 얼마나 좋을까? 남들이 어떻게 생각하건 간에 노력하면 된다는 자신감은 내가 원하는 일이 무엇이든 다 할 수 있다는 원동력이 되어준다. 내가 어떤 목표를 갖는다고 해서 당장 그것을 이룰 수 있는 것은 아니지만, 막연하게 어떻게든 되겠지보다는 목표를 갖고 있다는 것은 상당히 중요하다. 내가 스스로 열심히 달려가려는 마음가짐이 있어서 주변에 그런 모습을 보여줄 때 누군가 나를 응원하게 되는 사람도 생긴다는 말이다. 당신이 목적이 없다는 것을 알게 되면 다른 사람에게 휘둘리는 인생을 살 수밖에 없다. 남들이 나의 인생을 결정하고 이리저리 끌고 다니며, 내가 원하지 않는 남들이 원하는 인생으로 따라만 가야 할 것 같은 생각을 하게 될지도 모른다.

자신의 꿈을 이루려면 목표는 구체적이어야 한다. 그리고 달성 가능한 것이어야 하며, 그 달성하는 시기가 정해져 있어야 한다는 것이다.

"위대한 사람에게는 목적이 있고 평범한 사람에게는 소망이 있다."

워싱턴 어빙의 말처럼 막연히 소망하거나 간절히 소망하느냐는 각자의 몫이겠지만, 지금 나의 목적은 이 막연한 미래라 할지라도 거기에 내가 원하는 행복이 있을 거라는 확신이다. 우리 삶의 방향을 제시해주는 나침반은 각자에게 있다.

자신만의 인생에 항해를 시작할 때 비바람이 몰아친다 해도 닥친 시련을 견디고 방향을 잃지 않는다면 당신은 원하는 목적지에 꼭 도달할 수 있다. 인생은 매 순간 선택의 연속이다. 중요한 일일수록 우리는 선택하는 게 정말 어렵다. 왜냐하면 그 결과에 책임을 져야 하기 때문이다. 사소한 것이라도 한 번에 몰아서 하는 것이 아니라 매일 조금씩 습관이 되는 것이 중요하다. 눈앞의 닥친 자신의 힘듦이 평생 지속될 것만 같아도 시간은 흐르고 언제 그랬냐는 듯 슬픔도 멈춘다. 남들보다 출발이 순조롭지 않다고 해도 어떤 상황에서도 희망을 잃지 말고 부정적인 생각을 버리고 적극적으로 행동하자. 인간은 누구나 자기가 생각한 대로 된다는 말이 있다.

매일 10분씩 시간을 내서 내가 무엇을 하고 싶은지 자신에게 물음을 던지고 답을 구해보자. 그리고 내가 가장 잘하는 일이 무엇인지 생각해보자. 나의 능력과 내가 하고 싶은 일이 어떻게 서로 시너지를 낼 수 있는지도 생각해보자.

사람은 누구나 결점을 갖고 있다. 그러나 성공한 사람과 그렇지 못한 사람의 차이는 자신의 부족함에 머물러서는 아무것도 할 수 없게 된다는 것이다. 변화를 추구하는 시기가 오면 사람은 두려움을 가질 수 있다. 이 시기를 어떻게 맞이하고 어떤 성과를 내는 것은 당신의 태도에 달려 있다. 열심히 노력하다가 실패했다는 것은 목표에 도달하지 못했다는 것이 아니다. 어떤 상황이든 자신이 갖고 있는 능력을 최대한 끌어내서 최선을 다했다고 말할 수 있다면 당신은 성공한 것이다.

삶을 살아가면서 다른 사람의 평판이나 시기, 질투, 그런 것은 신경 쓰지 말고 내가 진심으로 원하는 것에 온 마음을 집중해라. 그러다 만날 사람이 없어지고 전화도 오지 않고 이렇게 살아도 되는 것일까 하는 생각이 들기도 하겠지만 '누구나 사람은 외롭다'고 인정해버리면 된다. 당신이 지금 원하는 것은 정말 간절한 것이 아닌가? 여태까지 목표를 이루지 못했다면 그것을 대체할 만한 것들이 많았다는 뜻일 수도 있고, 내가 원하는 게 따로 있었다는 뜻일 수도 있다.

'오늘은 참 좋은 날일 거야.'라는 생각으로 하루를 시작해보자. 골프를 칠 때 어떤 지점을 바라보고 '저기에 빠지면 안 되는데….' '저것만 피해야 하는데….'라고 생각하면 어김없이 공은 그곳으로 날아간다. 불가능하다고 생각하는 것을 '나는 할 수 있다'는 생각으로 시작해라. 자신에 대해서 긍정적인 확언을 반복해라. '나는 누구보다도 잘해낼 수 있다.' '나는 성공할 수 있다.' '나는 행복하다.' '난 사랑받고 있다.' 이처럼 긍정적인 말을 매일 반복하는 것은 자신에게 용기와 희망을 심어주고 자신감을 갖게 만든다. 또 다른 방법으로는 반드시 보상을 해줘야 한다. 자신의 노력에 대해서 진심으로 기뻐하고 내가 원하고 좋아했던 것들을 선물해주어라.

항상 자신에게 질문을 던져보자. 진정으로 내가 하고 싶은 것은 무엇일까? 자신에게 자주 던지는 질문은 현명한 답을 구하고 후회 없는 선택을 할 수 있도록 이끌어준다. 꼭 남들과 비교해서 보다 나아야 하고 기대치보다 완벽하게 잘해서 인정받아야 되겠다는 생각을 버려라. 자신이 후회가 없고 최선을 다했다는 생각이 들 때 더불어 큰 성과도 난다. 아무리 최선의 선택을 했다고 생각하더라도 무엇인가 항상 아쉬움이 남는 것이지만, 조금 부족하다 할지라도 지금 이 성과가 당신 삶의 전부는 아니지 않은가?

이 책을 읽는 사람들에게 건네고 싶은 말이 있다. 자신에 대한 더 큰 확신과 뚜렷한 목적을 갖는다는 것은 어쩌면 아주 더디거나 찾을 수 없는 일일 수도 있다. 목표로 한 무엇인가와 나의 꿈이라고 말하는 그것은 평생 도달할 수 없는 지점에 대한 헛된 기대일지도 모른다. 그렇지만 어떤 형태로든 더 나아지기 위해 노력하다 보면, 그리 죽어라 살지 않아도 행복할 수 있는 나를 발견하게 되고, 그때가 되면 여태 살아온 애씀을 보상이라도 받듯 편안해지고 행복해질 것이다.

많이 외로운가? 한 번도 쉼을 제대로 가져본 적이 없는 당신의 삶을 누가 알아주거나 신이 보상해주지 않는다고 해서 쓴웃음을 지을 필요가 없다. 이제부터라도 늦지 않았다. 내가 모두를 밝히는 빛이 될 필요는 없다. 화려한 샹들리에가 되어 무대의 중앙에 올려지고 주목받아야 할 이유도 없다. 그렇지만 온전히 맑은 빛으로 다른 한 사람을 환하고 따뜻하게 만들어줄 수 있다면 이보다 더 멋진 일이 어디 있을까? 명품으로 휘감아도 폼나게 돈을 써대도 행복하지 않은 당신이 자기가 할 것을 못하면서도 다른 사람에게 가진 것을 나누며 행복해하는 사람들의 미소를 부러워하지 않으려면 공허한 이유를 찾아야 한다.

나는 모든 문제에 대한 해답을 주로 바깥에서 찾으려고 애쓰며 회피한 적이 많다. 그러나 그 모든 것은 내 안에 있었다. 내비게이션에서 목적지를 가는 가장 빠른 길을 찾을 때 제일 먼저 찾는 것이 내 위치인 것처럼, 내 인생의 올바른 시작점이 어디고 내가 어디로 갈 것인가를 정해야만 그것이 내 인생에 평행선을 이루게 되고 그 선들이 모여 나의 삶을 완성한다. 세상에서 나를 가장 잘 알고 도울 수 있는 사람은 바로 나 자신이다.

지금 하고 싶은 일보다 해야 하는 일을 먼저 찾아서 해야 한다. 그래야 나중에 좋아하는 일을 선택하면서 살 수 있는 여유를 가질 수 있다. 그 사실을 잊지 말자. 지금 이 순간 당

신이 세운 불가능한 목표를 가능한 일이라고 착각하고 산다고 말하는 이들의 수군거림이 있을지도 모른다. 그 말에 오기가 생기는가? 아니면 동조하고 자신을 내려놓게 되는가? 잘하려고 너무 애쓰다가 지쳐버린 당신이 지금 인생의 변곡점에서 해야 할 일은, 내 안의 능력을 믿고 나를 더 열심히 아끼는 것이다. 내가 원하는 삶을 살며 즐겁게 누릴 수 있으려면 그렇게 나를 먼저 챙기면서 회복력을 키워야 한다. 지금껏 열심히 살아오느라 지치고, 마음도 힘들었던 만큼, 아니 그보다 더 멋진 인생을 살게 될 것이다.

너무 애쓰다 지친 당신을 위한
회복력 수업

초판 1쇄 인쇄 2024년 8월 16일
초판 1쇄 발행 2024년 8월 26일

지 은 이 이수경
발 행 인 정수동
편 집 주 간 이남경
편   집 김유진
본문디자인 홍민지
표지디자인 Yozoh Studio Mongsangso

발 행 처 저녁달
출 판 등 록 2017년 1월 17일 제2017-000009호
주   소 경기도 파주시 문발로 142 니은빌딩 304호
전   화 02-599-0625
팩   스 02-6442-4625
이 메 일 book@mongsangso.com
인스타그램 @eveningmoon_book
유 튜 브 몽상소

I S B N 979-11-89217-34-1   03190
ⓒ 이수경, 2024